어서 와,
전도회는
처음이지?

어서 와, 전도회는 처음이지?

이경희 지음

좋은땅

들어가며

전도회를 통해 우리는 어떤 유익을 얻을 수 있는가? 다시 질문하겠다. 당신은 전도회에서 무엇을 기대하는가? 소소한 수다를 나누는 브레이크 타임? 영적 교제를 나눌 믿음의 친구를 얻는 것? 그냥 나이가 찼으니 나가야 할 것 같은 의무감만 있을 뿐 기대하는 바는 사실 없지는 않은가?

좋다! 예배, 선교, 친목, 봉사 등 어떤 이유도 목적도 다 괜찮다. 그러나 한 가지 분명히 할 것은 전도회는 영적 가족이 하나님 안에서 모이는 또래 공동체라는 사실이다. 이 공동체는 인생의 비슷한 시기를 지나는 성도들이 함께 모인다는 특징이 있다. 따라서 생의 주기에 따라 발생하는 문제에 대해 서로 조언을 구하고 도움을 주고받을 수 있다. 그러나 그것이 전부는 아니다. 전도회는 하나님이 세우신 담임목사님의 목회 방침에 따라 진행되는 교회의 사업을 뒷받침하고, 믿음의 질서에 순응하여 서로 연합하고 봉사하며 선한 것을 서로 권면해야 한다.

이 과정에서 시간적, 환경적 제약으로 어려움을 느낄 수도 있다. 그러나 우리가 순종하여 작은 마음의 조각을 내어놓을 때 하나님께서 기쁘신 뜻대로 일하시고 인도하심을 보게 될 것이다. 그로 인해 영적 경험이 쌓이고 성장하는 기쁨을 맛보게 된다. 이 짧은 글에 1년간 내가 전도회장을 하며 겪었던 경험과 소회를 나누어 보려고 한다. 그리고 감히 나의 작은 경험이 전도회에 처음 출석하는 회원과 전도회 임원을 맡은 분들에게 도움이 되길 바라는 마음에서 현실적인 팁도 함께 첨부했다.

임원으로 그리고 회원으로 전도회 첫걸음을 앞두고 있는 당신을 힘껏 축복한다. 그리고 기대한다. 1년의 반을 지나 터닝포인트를 돌고 마침내 12월을 맞이하며 "하나님께서 일하셨습니다."라고 고백하게 될 것을 믿는다. 그러니 함께 외쳐보자!

"어서 와, 전도회는 처음이지?"

차례

들어가며 ··· 4

1장 전도회를 알아보자!

전도회란? ·· 10
여전도회 상위 조직 ·· 12
실행위원회는 또 뭐야? ··································· 14

2장 전.도.회.

하루 전 ·· 18
회장님의 결단 ··· 19
숙제가 아닌 소명 ··· 21
하나님의 부르심 ·· 23
그게 아니야 ·· 24
축? 아무튼 당선! ··· 25
전도회 첫 입성에 대한 기억 ··························· 28

3장 전도회에서 만난 사람들

유 집사님 ·· 32

이 집사님 ·· 34

김 권사님 ·· 36

권 권사님 ·· 38

박 집사님 ·· 42

친구 유 집사님 ································· 45

ㅅ교회와 ㄷ교회 목사님 ···················· 46

ㅂ교회 김 집사님 ······························ 48

동생 박 집사님 ································· 52

ㅇ 자매 ·· 54

ㅇ 집사님 ·· 57

최 집사님 ·· 60

김 집사님 ·· 62

ㅇ교회 여전도회장님 ························· 64

4장 어서 와, 전도회는 처음이지?

전도회 구성과 운영 ················· 68
교회 내 기여 ······················· 69
월례회 ····························· 70
전도회의 유익 ····················· 72
참여를 유도하고 관리하는 팁 ······· 73
다음 임원 세우기 ·················· 83
전도회 첫 시작을 돕는 방법 ········ 88
전도회 마무리 ····················· 90

* 전도회에서 만난 사람들 그 후 …ing ············· 93

추천사 ······························· 100
대한예수교장로회 서울노회 여전도회연합회 전 회장
김선자 권사

1장

전도회를 알아보자!

● 전도회란?

우리나라의 전도회는 선교사님들에 의해 시작되었다. 초기에는 여성들 중심으로 '부인회'로 진행되었고 점차 발전해 가는 과정에서 오늘날과 같은 남녀전도회의 형태를 갖추게 되었다. 전도회의 사전적 의미는 다음과 같다.

> 청년부 이상으로 서로 나이가 비슷한 결혼한 남녀 교인을 각각 한 단위로 묶은 소그룹 모임(대한예수교장로회합동). 전도와 봉사와 친교를 목적으로 하며, 남전도회와 여전도회로 구분된다. 전도회에서는 서로 친교를 나누면서 믿음을 북돋워 주고 일정한 액수의 회비를 모아 교회와 사회를 위한 봉사 활동을 주로 한다. 대한기독교감리회나 대한예수교장로회(통합)는 '선교회'로 호칭한다. 출처: 교회용어사전 : 행정 및 교육 2013. 9. 1. 생명의 말씀사

전도회 혹은 선교회는 비슷한 연령대의 남녀 교인을 각각의 단위로 묶은 소그룹이다. 교회마다 차이가 있겠지만 40세 이상부터인 경우가 많으며, 결혼한 교인 외에도 또래의 미혼 교인들도 회원 가입이 가능한 편이다. 나이대가 비슷하기 때문에 그 연령대만의 공감대 형성이 용이하다. 전도회의 운영을 위해 일정한 회비를 걷는다. 회비는 교회 내의

필요를 채우거나 전도회연합회에서 사용되고 전도회 회원들의 매월 모임 시 간단한 다과를 마련하는 일에도 사용된다. 회비 외에도 성도의 자발적인 찬조금 등으로 재정이 채워진다.

● 여전도회 상위 조직

여전도회의 사전적 정의는 다음과 같다.

교회 내에서 전도와 봉사, 구제를 목적으로 조직된 여성도 모임. 사역의 효율성을 위해 '여전도회 전국 연합회(통합, 예성)', '전국 여전도회 연합회(합동)', '여신도회 전국 연합회(기장)' 등 교단별로 전국적인 조직을 가지고 있다. 한편, 장로교 최초의 여전도회는 1898년 2월 20일(음력) 평양 널다리골교회(장대현교회)에 설립된 여전도회다. 초기 여전도회는 산간벽지에 전도인을 파송하여 교회 설립에 큰 역할을 하였다. 출처: 교회용어사전 : 행정 및 교육 2013. 9. 1, 생명의 말씀사

대한예수교장로회의 조직도를 살펴보자. 총회 아래에 여러 회의 기구와 부서를 두고 있는 것을 알 수 있다.

〈 여전도회연합회 조직도의 예 〉
(출처: 대한예수교장로회 여전도회전국연합회)

교단에 따라 약간의 명칭 차이가 있을 수 있으나 대동소이하다. 조직도에서도 알 수 있듯이 국내외 선교와 군선교 외에도 다양한 봉사와 활동으로 섬김의 본을 보이고 있다. 여전도회는 단일 전도회와 연합회를 통해 동시에 조직된 사업을 펼칠 수 있다.

● 실행위원회는 또 뭐야?

　매월 노회별로 각 전도회 회장 혹은 임원들이 참석하는 실행위원회(이하 실행위)가 열린다. 연합회에 소속된 교회 중 한 교회가 장소와 예배 준비를 제공하면 회원인 연합회 임원들과 각 교회 전도회 회장들과 이전 회장 등이 모인다. 회의 전에 해당 교회 사역자가 인도하는 예배로 문을 연다. 예배 직후에 실행위원회가 비로소 시작되는데, 연합회 회비 사용처와 사용이 필요한 곳 등을 소개한다. 주로 해외 선교지와 선교사님들, 미자립교회, 군에 있는 청년들을 대상으로 선교비나 물품 등을 지원한다. 회비 사용에 대해 의견이나 동의를 구하기도 한다. 함께 한 마음으로 한 곳 한 곳 이름을 불러 가며 기도를 한다. 대한민국 20대 청년 중 군 입대 후 처음으로 예수님을 영접하는 경우가 많다고 한다. 그래서 군목이라 불리는 군선교사님들의 헌신이 값지다. 2023년에 소개된 서울노회 여전도회 연합회 군선교 사례를 살펴보자.

　2023년, 내가 소속한 여전도연합회(회장:한정숙 권사)에서는 총회군선교사회 교재개발TF팀에 아이패드를 비롯한 장비들을 지원했다. 후원을 통해 군대라는 특수한 환경에 놓인 초신자 장병들을 위한 새가족반 교재가 출간 되었고, 앞으로도 세례자교육 등의 교재가 계속 집필될 예정이다. 뿐만 아니라 군선교 현장에서 사역하는 교회들을 선정해 냉

난방기나 예배당 의자, 음향장비 등을 교체하고, 예배당 보수와 리모델링을 지원하기도 했다. 내가 낸 전도회비가 실제적으로 현장에서 어떻게 사용되는지 발견하는 것은 늘 새로운 기쁨을 주었다.

선교사님이나 목사님들께서 후원이 어떻게 이어졌는지 사역보고하러 오시는 경우도 있다. 솔직히 말하면 나는 이전에는 전도회원으로 있으면서도 실행위원회의 필요성을 그다지 느끼지 못했던 게 사실이다. 비대면이 일상화되면서 특히 젊은 전도회의 경우 출근 문제로 실행위 출석 자체가 부담인 경우가 많기 때문이다. 이런 내 생각은 실행위를 출석하면서 산산조각이 났다. 실행위가 열리는 교회에서 점심까지 제공하는 경우가 대부분인데 각 교회마다 다양한 손맛을 기대하는 재미가 있다. 그리고 각 교회가 지역사회와 어떻게 상생하는지도 볼 수 있다. 지하에 본당과 카페가 있는 ㅅ교회는 여전도회 회원들과 지역민들 등 교회를 찾는 모든 이들에게 환대하는 모습이 특히 기억에 남는다.

점심 후에는 우리 교회 전도회장님들과 장소를 옮겨 티타임을 가지기도 했다. 이 시간에 선배 회장님들은 '요즘 젊은 사람들'이 바쁜 중에도 전도회 나오는 게 기특하다고 하시며, 예전에는 아기를 포대기에 업고 나와서 회의하셨다는 이야기를 들려주셨다. 세월이 변하고, 예전보다 모이는 사람들이 줄었지만 그래도 실행위원회가 지속되는 자체가 중요하다고 알려 주셨다. 그리고 지금의 나는 그 말씀에 전적으로 동의한다. 전도회는, 그리고 전도회의 꽃인 실행위원회는 앞으로도 계속되어야 한다.

2장

전. 도. 회.

● 하루 전

드디어 내일이다. 2022년 12월 31일, 나는 고개를 숙이며 모은 두 손에 더 힘을 주었다.

"내일이 안 오게 해 주세요."

말도 안 되는 투정 같은 기도를 드리며 울었다. 내가 그토록 오지 않길 바라는 내일은 내가 전도회장으로 시작하는 첫날이었다. 그러나 눈물 흘리고 주저앉아 있을 수만은 없다.

"하나님, 주님이 허락하신 자리이니 주님만 믿고 나아가겠습니다."

기도하며 자리를 털고 일어났다. 이 자리는 하나님께서 허락하신 자리다. 두려운 건 그저 나의 감정이고, 먼저 순종해야 한다는 생각이 들었다. 내가 붙들고 한 해를 달려갈 말씀을 품에 안고 매만지고 또 만지며 입술을 꼭 깨물었다.

주는 나의 반석과 산성이시니 그러므로 주의 이름을 생각하셔서 나를 인도하시고 지도하소서 _시편 31:3

아멘! 부디 그리하시길!

● 회장님의 결단

코로나가 기승을 부렸던 2019년 12월부터 2022년, 교회도 많은 영향을 받았다. 예배가 줄고, 모임이 줄었다. 전도회도 피해 갈 수 없었다. 전도회에 큰 열의가 없는 내가 보기에도 상황은 심각했다. 전도회장을 맡은 조 집사님의 표정이 심각했다. 마스크를 쓴 채 최소 인원이 교회 복도에서 띄엄띄엄 서서 인사만 나누고 임시 월례회를 진행하기 일쑤였다. 유난히 가냘픈 체형의 조 집사님의 표정이 어두웠다. 집사님은 교회 안에서 너무나 많은 사역을 맡고 있었다.

"그러다 쓰러진다. 코로나 때문에 오프라인 모임은 어차피 어려우니까 전도회는 잠시 쉬어."

라는 말들도 나왔지만, 조 회장님은 이렇게라도 모이기를 쉬지 않았다. 동기들이 별로 없어서 한 기수 아래인 동생들과 함께 전도회를 이끌어야 했다. 나도 임원 중 한 명이었다. 조 집사님은 우리 각자에게 임무를 주었다.

"코로나로 모임이 힘든 상황이지만, 분명한 사실은 우리 하나님은 믿는 사람들이 모이는 것을 기뻐하시는 분이라는 것입니다."

오프라인 모임은 거의 정지된 상태이지만, 우리에게는 단톡방이 있지 않은가! 조 집사님은 전도회 특히 첫 관문인 막내전도회가 현장에서 모이지 못하는 동안 말씀으로 소통될 수 있기를 원했다.

"주일학교 각 부서 교사로 봉사하는 회원들은 매일 하루씩 설교 요약을 해서 올려 주세요. 요약이 어려울 때는 성경 본문이라도 올려서 우리 자녀가 어떤 말씀을 나누었는지 눈으로 보고 마음에 새깁시다."

그렇게 우리는 날마다 묵상의 시간을 가졌다. 국문과를 나왔다는 이유만으로 나에게는 공예배 설교 요약이 맡겨졌다.

"공예배라니… 이거 쉽지 않아요. 국문과 아니라 국문과 할아버지라도 힘들어요!"

한 번에 순순히 하는 성격이 아닌 나의 반항이 잠시 있었지만,

"쓰읍!"

회장님의 부드러운 카리스마로 가볍게 제압되었다.

● 숙제가 아닌 소명

　조 회장님은 너무나 친절하게도 공예배 설교 요약을 올리는 날을 월요일 오전으로 지정해 주었다. 주일 지나고 바로 다음날 오전이라니… 투덜투덜하지만 시키면 결국 다하는 나의 성격을 그녀는 이미 너무나 잘 알고 있다. 이것도 리더의 덕목인 걸까?
　처음 몇 주는 시간에 맞춰 올리는 게 어렵기도 했지만, 이내 익숙해졌다. 그리고 한 주 한 주 설교를 요약해서 올리다 보니 집에 와서도 설교를 돌려보며 말씀을 더 깊게 곱씹게 되었다. 조 집사님께는
　"힘들어요."
　엄살도 부렸지만 어느새 조금씩 나의 내면에 말로 표현할 수 없는 기쁨이 차올랐다. 여전히 오프라인 모임은 어려웠지만, 날마다 온라인 전도회 톡방에는 공예배와 주일학교 각 부서의 말씀이 올라왔다. 40대 초중반 회원들은 미혼부터 직장인과 대학생 등 다양한 연령대의 자녀를 두고 있다. 다양한 환경의 우리가 말씀 안에서 한 지체가 되는 기쁨은 실로 대단했다.

　- 집사님, 매주 월요일 일찍 주일 설교 말씀 올려 주셔서 정말 감사해요. 출근길부터 기다린답니다.

2장 전. 도. 회.

- 코로나 때문이기도 하지만 자녀가 어려서 인터넷으로 예배드리는데 설교 요약 덕분에 말씀을 다시금 곱씹게 되어 은혜가 됩니다.

온라인 전도회 방에서 나를 비롯한 설교 나눔이들에게 전하는 피드백을 통해 나의 숙제는 어느새 소명이 되어 가고 있었다.

● 하나님의 부르심

사실 나는 전도회장이 되기 전부터 전도회를 위해 기도하고 있었다. 하반기가 시작되는 2022년 7월 1일부터 우연히 40일 새벽기도를 시작하게 되었던 것이다.

'좋아! 하반기를 새롭게 시작해 보자!'

새로운 마음으로 살짝 느슨해진 신앙의 텐션을 올리고자 하는 마음도 있었다. 처음에는 눈을 뜨면 눕고 싶어지고 포기하고 싶었다. 그런데 이상하게 포기하고 싶지 않았다. 교회가 멀다는 핑계를 댈 수도 없는 것이 바로 집 앞에 교회가 있었다. 아침잠이 많다는 핑계를 댈 수도 없었다. 아침잠이 많은 내 눈이 4시면 번쩍번쩍 떠지는 게 아닌가! 결국 두 손을 들고 기도의 자리에 나아갈 수밖에 없었다. 그리고 40일이 지난 후에도 무엇에 이끌린 듯 계속 기도가 이어졌다. 어느 순간부터 나는 이렇게 기도하고 있었다.

"우리를 사랑하셔서 전도회를 주시고 전도회에 소속하게 하신 하나님 감사합니다. 다음 회장이 잘 세워지도록 도와주세요. 유 집사도 잘하고, 한 집사도 잘 할 거예요. 두 사람 중 누가 뽑히든 저도 열심히 돕겠습니다."

● 그게 아니야

  코로나가 기승을 부리는 그때, 예배는 온라인예배로 전환되었다. 현장 예배에 참석하지 못하니 비로소 현장 예배의 소중함이 절실하게 다가왔다. 많은 성도들이 교회를 떠나갔다. 마치 교회의 시계가 멈춘 것처럼 느껴졌다. 그러나 분명한 건 하나님의 사랑은 멈추지 않는다는 것이다. 나의 마음속 깊은 곳에 전도회를 위해 동분서주하며 회원들을 모으기 위해 눈물을 흘리는 조 집사님의 마음이 와 닿았다. 기도가 하루하루 쌓여 갔다. 서기로서 전도회 회의록을 작성하고, 설교를 요약해 올리는 말씀 섬김이를 맡으며 내 마음 속에 조금씩 전도회 존재 필요성에 대한 이해와 책임감이 생겼다.
  "나를 사랑하셔서 전도회를 선물해 주신 주님, 감사합니다. 우리 기수에서 임원 그중에서도 회장이 잘 세워지도록 인도해 주세요."

● 축? 아무튼 당선!

2022년 마지막 월례회에서 임원이 선출되는 날이 되었다. 임원은 회장, 부회장, 총무, 회계, 서기로 다섯 자리가 있고, 마침 우리 동기도 다섯 명이었다. 그중에 회장은 누구에게나 부담이 되는 자리다. 그렇기에 우리는 전통적이고 공정한 방식인 '뽑기'로 임원들을 선출하기로 했다. 서기는 전 집사님, 회계는 유 집사님, 총무는 한 집사님이 뽑혔다. 어느새 남은 건 두 자리, 회장과 부회장이었다. 우리 교회에 출석한 지 몇 개월 되지 않은 이 집사님의 뽀얀 얼굴이 평소보다 더 하얗게 변했다. 이 집사님의 손에 들린 종이에서 '회장'이라는 단어가 보였다. 그렇다면? 내가 뽑은 종이는 짜잔! 부회장이었다. 그때, 내 머릿속에 사자성어(?) 하나가 떠올랐다.

낙. 장. 불. 입!

앞에서도 말했듯이 당시 나는 임원 선출을 위해 계속 기도 중이었다. 조 집사님처럼 전도회를 깊이 사랑하는 열심이 있는 사람이 뽑혀야 하는데… 다음 기수인 우리 동기들은 회장이 될 수 없는 이유가 충분했다. 직장이 바빠서, 혹은 경험이 부족해서, 기질상 나서는 것을 어려워해서 등… 물론 수줍음이 많은 나도 마찬가지다.

"저는 부족해요. 호옥시나 회장 후보로 저를 생각하시면 음… 다시 생각해 주시면 안 될까요?"

하나님께 간절히 기도하곤 했다.

어떤 날은

"하나님, 이미 전도회 시스템에 익숙한 한 집사님이나 일 잘하는 유 집사님을 강력 추천(?)합니다."

기도했다. 그리고 나도 모르게 작은 목소리로 슬쩍 덧붙였다.

"혹시 우리 교회에 오신 지 몇 개월 안 된 이 집사님이 회장으로 뽑히면… 정 그러시면……"

절로 눈이 질끈 감겨졌다.

"그때는… 그때는… 네, 군말 없이 제가 하겠습니다."

그런데… 그 '이 집사님'이 회장이 된 것이다.

회. 장.

이 집사님이 들고 있는 쪽지에 쓰인 회장이라는 단어가 유난히 크게 보였다.

"이 집사님, 하아… 그 종이 저랑 바꿔요. 제가 할게요. 그래요, 제가 해요, 회장."

너무나 인격적인 하나님은 그렇게 나도 모르는 사이 나의 기도를 수

정하며 나를 섬세하게 인도하고 계셨다.

● 전도회 첫 입성에 대한 기억

돌이켜 보면 전도회장뿐만 아니라 처음 전도회에 발을 들인 것도 내 의지가 아니었다. 주일학교 교사를 오래 해 온 나에게 또래 학부모님들이 가득한 전도회 모임은 불편한 조직이고, 또 왠지 내가 있을 곳이 아닌 것 같았다. 전도회 회원이 되면 본격적인 '공식 어른'이 되는 거라는 생각이 들어 부담스럽기도 했다. 그러나 하필 전임 회장인 조 집사님과 주일학교 같은 부서에서 섬기게 된 것이 문제였다.

"전도회 월례회 나와야지?"

"다음에 갈게요."

그러나 조 집사님은 호락호락하지 않았다. 저 상냥한 웃는 얼굴은 한 번 문 먹잇감은 결코 놓아주는 법이 없다.

"다음에 언제에?"

"한 환갑쯤?"

결국 내 등짝에 스매싱이 날아왔다. 겨울 니트를 바지에 넣어 입는 여리여리한 체형이지만 조 집사님의 손맛은 결코 여리여리하지 않다.

"그럼, 안 갈래요. 쉴래요."

'웃는 얼굴에 침 뱉으랴?'는 마음으로 아픔을 꾹 참고 나도 웃는 얼굴로 부드럽게 거절의 의사를 전했다. 그런데 조 집사님의 눈에 이글거리는 불길이 보였다.

'어어, 저 표정이면 충분히 침 뱉을 수 있겠는데…!'

나의 전도회 입성에는 전도회를 통해 위로와 기도 응답 등 공동체의 유익을 누린 한 지체의 노력도 있었다. '전도회 전도사' 한 집사님이다. 나의 동기인 한 집사님은 눈만 마주치면

"이번 달 전도회 나오는 거지?"

"나올 거면 하루라도 빨리 나와. 전도회 진짜 좋아."

연신 외쳐 댔다. 나이는 같지만 교회에 온 시기가 달라 서로 존대하는 사이였는데 어느새 자연스럽게 반말하며 전도회 공격을 했다. 내 이름이 혹시 '전도회'인가 헷갈릴 정도로 나만 보면 그렇게 전도회를 불러 대는 통에 정신이 없었다.

"알았어. 갈게. 갈게요."

결국 나는 그렇게 전도회에 전도되었다.

3장

전도회에서 만난 사람들

● 유 집사님

  교육 부서에서 처음 만난 두 살 위의 유 집사님은 마음이 따스하고, 강단도 있는 그야말로 외유내강 스타일의 전형이다. 유 집사님은 내 전임인 조 집사님 전에 막내전도회 회장이기도 하다. 지금도 전도회 임원자리는 부담이 있는 자리이지만, 유 집사님이 회장이 된 그 시기는 더 가혹했던 것 같다. 코로나가 막 발발했던 시기였기 때문이다. 유 집사님의 동기는 유난히 회원들이 없었다. 임원진은 꾸려야 하기에 유 집사님은 전도회에 잘 나오지 않는 동기를 설득해 부랴부랴 부회장으로 올렸다. 바로 밑의 동생들에게도 회계와 서기의 직분을 맡겼다. 코로나라 참여율이 유난히 더 저조했지만 낙심하지 않고 최선을 다해 노력했다. 당시 나는 자유로운 영혼의 회원이었기 때문에 유 집사님이 많이 힘드셨을 것을 짐작조차 못 했다.

  회비 부족으로 유 집사님은 월례회마다 커다란 타포린 백에 음료와 커피, 각종 차와 종이컵을 메고 다녔다. 지혜로운 유 집사님은 전도회의 재정에 맞춰 각종 사역들을 담당했다. 말씀 안에서 전도회가 하나가 될 수 있도록 바쁜 부회장 집사님에게는 큐티 나눔이나 말씀 한 구절을 올리도록 임무를 부여했다. 부족한 회비지만 천을 구입하고 재단해서 선교사님들을 위한 마스크필터를 재단해서 보내는 등 열악한 상황 속에서도 최선을 다해 지혜롭게 섬겼다. 유 집사님은 가급적 임원들이 개인 돈을 전도회에 부담하지 않도록 지도했다. 물론 얼마든지 전도회에 부담할 수 있으나 한 번이 두 번이 되고 세 번이 되면 부담으로 다가올 수 있고, 이후 임원으로 세워지는 후배들에게 이것이 부담이 될 것이라 생각한 것이다. 전도회라는 통로에서 투명한 은혜와 나눔의 질서가 있도록 운영했다.

지금 생각해 보면 얼마나 막막하고 힘들었을까 생각도 든다. 그 열심과 사랑의 헌신을 보신 하나님께서 우리 전도회를 선하게 인도해 주셨다. 지혜로운 선배가 앞에서 이끌어 주고 전도회의 틀과 질서를 세워 준 덕분에 조 집사님도 나도 그 길을 따라갈 수 있었다. 그리고 앞으로 후배들도 그 사랑과 눈물의 길을 따라갈 것이다. 그 길의 끝에서 우리를 안아 주실 주님을 기대하며.

● 이 집사님

이 집사님은 내 전임 회장인 조 집사님이 전도회 회장을 맡고 있을 때 처음 만났다. 반짝반짝 빛나는 눈이 인상적이었다. 나보다 한 살 어린 이 집사님은 우리 교회에 온 지 얼마 되지 않았고, 같은 교구의 권사님 권유로 전도회에 참여하게 되었다고 했다.
"오늘은 바쁜 일이 있어 일찍 가야 해요. 앞으로 열심히 하겠습니다!"
밝은 표정으로 인사하는 이 집사님의 모습이 참으로 예뻤다.
"이 전도회는 한 번 발 들여 놓으면 못 나가요. 얼른 도망가세요."
실없는 농담을 하는 내 등 위로 조 집사님의 사랑의 매가 쏟아졌다.
"애가 또… 이 집사님 다음에 만나요."

사랑꾼 남편을 둔 이 집사님에게는 한 가지 고민이 있었다. 마흔이 넘은 나이지만 하나님께서 선물해 주실 귀여운 아기 천사가 찾아오지 않은 것이다. 집사님은 선하신 주님을 기대하며 아이를 기다리고 있었다. 꽃다운 20대 나이에 결혼했고, 부부 사이도 좋았지만 아이는 찾아오지 않았다고 했다.
"우리 함께 기도합시다. 이 집사님 부부의 간절한 기도에 하나님께서 응답하실 것을 믿고 함께 기도해요."
나라면 이 기도를 오래 이어 갈 수 있었을까? 20여 년간 믿음으로 간절히 기도했고, 이제 공동체와 함께 계속 기도하기로 결단한 그녀의 모습이 아름다웠다. 반짝반짝 빛나는 저 아름다운 자매에게 부디 아이를 허락하시길 기도했다.

  그리고…

우리의 기도를 들으시는 하나님께서는 2023년 1월, 내가 전도회 회장이 되어 진행하는 첫 월례회에서 그녀의 임신 소식을 듣게 하셨다. 우리 하나님은 모든 것이 가능하시다! 그리고 지금도 신실하게 이 집사님과 가정을 인도하신다.

● 김 권사님

한국전쟁이 발발한 때 여덟 살이었다는 김 권사님은 너무나 소녀 같은 분이다. 이 집사님을 전도회로 이끌어 주신 분이기도 하다. 권사님께 한국전쟁은 바로 어제 겪은 일처럼 생생하다고 하셨다.

"눈 감고 엄마 손 잡고 따라와."

쏟아지는 포탄 속에서 권사님은 말씀을 암송하며, 때로는 큰 목소리로 찬양을 부르며 남쪽으로 남쪽으로 내려오셨다. 그 시절 누구나 그러했듯이 힘들게 내려온 남한에서의 삶은 녹록치 않았다. 그러나 날마다 기도하고, 말씀을 보시는 어머니의 등을 보며 신앙 안에서 씩씩하게 자라셨다고 한다. 그래서 우리에게도

"시간이 허락하는 대로 말씀을 암송하세요. 곡조가 있는 기도인 찬양도 될 수 있는 대로 많이 외우세요. 혹시 우리의 기력이 쇠하고 정신이 흐려져도 내 내면에 있는 말씀의 소망은 절대 누구도 뺏을 수 없습니다."

라고 말씀하신다.

권사님은 우연한 기회로 젊은 집사 시절부터 여전도회연합회에서 섬기게 되셨다. 전도회가 모인 연합회는 각 교회 전도회들이 모인 단체이다. 한 달에 1회 회의를 통해 함께 모여 기도하고, 연합회 내 교회와 연합회와 연결된 선교사님, 미자립교회, 군부대교회 등의 문제를 함께 해결하고 실질적이고 즉각적인 도움을 제공한다. 교회들이 합심하

여 주민께서 보게 하시는 것들을 함께 보고, 연합된 힘으로 함께 일하는 것이다. 김 권사님은 연합회의 시작인 전도회 활동의 필요성에 대해 늘 강조하시며, 젊은 사람들이 더 많이 참여할 수 있기를 독려하신다. 신앙의 아름다운 모범이 되시는 권사님이 앞으로도 후배들에게 선한 영향력을 나누어 주시기를 나는 늘 기도한다.

● 권 권사님

  나보다 딱 열 살 많으신 권 권사님은 무려 두 단계 위의 전도회를 이끌고 있는 미혼의 전도회장님이다. 내가 막내 전도회 전도회장이 된 것이 2023년이다. 우리 교회는 총 여섯 개의 여전도회가 있다. 기민하게 움직일 수 있도록 크게 1, 2, 3전도회와 4, 5, 6전도회 두 부분으로 나누었다. 다 함께 모이는 일을 제외하면 1, 2, 3여전도회는 1여전도회 회장님을 중심으로, 4, 5, 6여전도회는 4여전도회 회장님을 중심으로 사역했다. 또, 4여전도회는 중간에 위치한 전도회라 전체 6개 여전도회의 총무 역할도 겸하는 등 권 권사님의 책임이 막중했다.

  여전도회 임원은 한 달에 한 번 각 노회 여전도회연합회 실행위원회에 참석하게 되어 있다. 코로나 이전에는 전 임원 및 임원이 아닌 회원들도 참여할 수 있었으나 코로나 이후에는 주로 전도회 임원 중 1인이 참여하는 추세로 가고 있다고 한다. 대형 승합차 전문가인 권 권사님은
"한 달에 한 번 열리는 실행위원회에 우리 교회는 모여서 함께 가기로 하겠습니다. 제가 운전하겠습니다."
라고 선언했다. 사실 시간 맞춰서 따로 가고 싶다는 생각도 들었지만 1, 2, 3전도회 회장님들이 너무나 좋아하셔서 순종하기로 했다.
  '힘드시겠다.'

생각도 잠시. 그녀는 전혀 힘들어하지 않았다. 오히려 섬길 일이 늘어나면 늘어날수록 더 신이 나는 듯했다('듯했다'가 아니라 확실히 그랬다). 힘든 것은 우리였다.

"실행위 마치고 커피 한 잔 콜?"

'노 콜'을 외치고 싶지만 해맑은 표정으로 신나게 외치는 권 권사님의 에너지에 따라갈 수밖에 없었다. 사실 권사님은 그동안 전도회를 위해 오래 섬겨 오신 선배 회장님들을 위로하고 힘을 드리는 시간을 갖고 싶었다고 했다. 풍광이 좋은 카페에서 발을 동동 구르며

"여기 너무 와 보고 싶었어요."

라고 소녀처럼 웃으시는 선배 회장님들을 보니 권 권사님의 뜻을 헤아릴 수 있었다. 그동안 열심히 섬겨 오신 우리 권사님들에게 이런 시간이 필요하단 걸.

"우리 막둥이들 나이 든 사람들과 함께 놀아 줘서 고마워."

오십을 앞두고 가끔 무릎이 저려 오는 막내전도회 회장들에게 막둥이라 부르시는 우리 선배님들을 통해 신앙인이 가져야 할 소양들을 많이 배웠다. 앞으로 우리가 나아갈 신앙의 길을 먼저 걸어가신 분들의 나눔을 듣는 자체가 우리 후배들에게 큰 유익이 되었다. 그렇게 권 권사님은 위아래 전도회를 아우르는 역할을 지혜롭게 감당했다.

"우리가 섬길 수 있는 힘이 있고 우리를 기다리는 일이 있다는 게 얼마나 감사해요, 그렇지요?"

권사님은 몸이 힘들면 힘들수록 눈이 맑아지고 입가에 미소가 걸렸다. 고개를 얼른 끄덕이지 않으면 새로운 일을 또 안겨 주실 듯하여 억지로 웃으며 고개를 끄덕였다. 권사님은 맡겨진 일 외에도 스스로 일을 찾아서 하는 스타일이라 늘 바빴다.

"각 전도회로 나누어져 있지만 동시에 우리는 하나의 공동체입니다."
권 권사님은 우리가 예전에 선배 전도회원들이 보여 준 헌신과 섬김의 정신을 본받기를 소망했다. 그래서일까? 또 잔뜩 신나는 얼굴로 일을 만들었다. 4, 5, 6여전도회 연합수련회를 개최한 것이다. 많은 회원들을 먹이겠다고 각종 솥과 주방 도구를 바리바리 싸들고 온 권사님이 쓰러질까 봐 쭈뼛쭈뼛 곁을 지키고 보조를 맡으며, 처음에는 이분과 함께 발걸음을 맞춰나가는 게 벅차다는 생각도 들었다. 손은 또 어찌나 큰지…….

그렇게 4, 5, 6여전도회 연합수련회가 시작되었다. 각자의 일상을 살던 회원들이 하나둘씩 모여들었다. 대선배이신 김 권사님께서 오셔서 간증을 하셨다. 1, 2, 3여전도회 선배 회원님들이 오셔서 신앙과 삶을 나누는 시간을 가졌다. 젊은 후배들이 기특하다며 찬조금을 건네시는 권사님들도 계셨다.
"모든 것은 하나님이 하십니다."
"이 자리에 함께하게 하신 하나님께 감사합니다."

저녁을 넘어 새벽까지 이어지는 기도와 나눔과 고백을 보며, 가끔은 좀 몸이 힘들어도 괜찮겠다는 생각이 들었다. 그리고 지금은… 여전히 에너지 가득한 권 권사님 앞에서 가끔 엄살을 부리기도 하지만 시간이 흐를수록 나도 그 부지런함에 물들어 가고 있다.

● 박 집사님

마음이 따스한 박 집사님은 바로 위인 5여전도회 회장이다. 임원 자체가 처음인데 어쩌자고 전도회 회장이 되어 버린 박 집사님은 전도회 활동을 통해 내가 얻은 보물이다. 알고 보니 나의 남편이 주일학교 교사할 때 박 집사님의 첫째의 담임이었던 인연이 있었다. 금세 친해진 우리는 4여전도회 회장 권 권사님을 포함한 선배 전도회 회장님들의 멋진 모습에 절로 기가 죽을 때 둘이서 손을 꼭 잡으며 서로 위로가 되어 주곤 했다.

"전도회장 임기만 끝나면 다시 재야에 묻혀 조용히 살자!"

수줍음이 많은 우리는 이런 이상한 격려로 서로를 응원하곤 했다. 전도회비가 잘 걷어지고 회원 참여도도 높은 선배기수와 달리 5, 6여전도회는 살림살이가 어려운 편이다. 40대의 나이는 직장을 다니고, 어린 자녀를 양육하는 손이 많이 가는 시기이기도 하다. 또, 교회 내에서 한창 각 부서에서 왕성히 섬기는 시기니 전도회 참여가 저조했다. 여러모로 부흥이 어려운 이유가 충만(?)했다. 박 집사님과 나는 회원들의 전도회 참여를 높이기 위해 함께 머리를 맞대곤 했다.

"휴우~"

당장 우리가 전 임원들에게 물려받은 전년도 재정이 부족해 고민이 되었다.

'하나님, 리더의 자리와 맞지 않는 품성을 가진 저희지만 순종함으로 전도회 회장이 되었습니다. 하나님께서 저희를 이 자리에 부르셨으니 채워 주실 줄 믿습니다.'

 기도할 수밖에 없었다.

 하나님의 뜻을 알 수 없지만 우리를 이때에 한자리에 모으셨다. 코로나도 서서히 끝나고 교회 안에서 본격적인 시작을 준비하는 게 우리에게 주어진 사명이었다. 때맞춰 교회 식당이 새롭게 열렸다. 누가 먼저랄 것도 없이 저마다 앞치마를 메고 집에서 챙겨온 손걸레와 청소포, 대걸레로 식당 곳곳을 깨끗이 청소했다. 묵은 먼지를 털고 쓸고 닦으며 우리 영혼도 이렇게 반짝반짝 기쁨으로 빛났으면 좋겠다는 마음이 들었다. 이런 일련의 과정을 거치며 박 집사님과 나의 마음이 준비되고, 훈련되기 시작했다. 우리의 염려와 걱정은 격려와 기쁨으로 바뀌고 있었다.

"엉엉, 감사합니다."
"흑흑흑, 열심히 하겠습니다."
 그즈음 있었던 실행위원회 뒤풀이 자리에서 박 집사님과 나의 눈물샘이 터졌다.
"우리 막둥이들 맘고생 많이 했나 보네, 짠해라."
 선배 회원님들이 따스한 격려와 함께 찬조금을 건네주셨기 때문이다. 선배님들은 막내전도회의 어려움을 모르셨지만 하나님께서 부어 주시는 마음에 따라 찬조를 해 주셨다. 각 전도회가 아니라 공동체 안에서 서로 소통하고 넘치면 흘려보내는 은혜의 선순환이 이루어지는 거라는 설명과 함께.

"흑흑. 힘들어서가 아니라… 이… 이건 감사해서 우는 거예요. 기뻐서…"

우리는 얼른 눈물을 닦았다. 그러나 이내 하나님의 은혜의 타이밍에 목이 메어 아이처럼 엉엉 울고 또 울었다. 이후로 전도회 회원들의 회비까지 잘 걷어져 재정이 채워지게 되었다. 우리가 받은 것은 단순한 물질이 아니었다. 하나님의 은혜와 믿는 자들의 연합의 기쁨이었다.

박 집사님은 믿지 않는 남편의 구원을 위해서 늘 기도하고 있었다. 같은 해에 노회와 전도회에서 만난 이들도 이 기도제목을 두고 함께 기도했다. 신실하신 하나님께서 언젠가는 우리의 간절한 기도를 들어주실 거라는 소망을 가지고 말이다. 그리고 이 글을 쓰는 동안 감사한 소식이 전해졌다. 박 집사님의 남편이 "한 번 교회 나가 보겠다"고 하셨다는 거다. '딱 한 번'이라는 단서를 붙이긴 했지만… 한 걸음을 귀하게 받으시고 믿음을 선물하시고 성장하게 하실 것을 기대하며 우리는 계속 기도할 것이다.

● 친구 유 집사님

　전도회가 맺어준 친구다. 조 집사님이 주일학교 교사로 섬길 때 학부모였던 인연으로 전도회로 오게 되었다고 했다. 청년의 때에 엄마와 함께 출석하는 작은 교회에서 열심히 섬겼던 착한 딸이기도 하다(나의 딸도 이렇게 자라 주기를!). 결혼 후 지금의 교회에 출석하게 되었고, 청년 시절과 달리 여유 있게 신앙생활을 했다고 한다. 편하다는 생각도 들었지만, 결국 아이의 담임선생님으로 조 집사님을 만나고야 말았다! 그리고 그렇게 유 집사님도 전도회에 발을 들이게 된 것이다. 틈만 나면 탈출을 꿈꾸는 나와는 달리 순종적이고 온유한 유 집사님은 기꺼이 조 집사님을 도와 임원으로 섬기는 선택을 했다. 임원으로 만난 유 집사님의 신실하고 겸손한 성품은 그때도 지금도 나에게 많은 감동을 준다. 세상 친구와 믿음 안에서 만난 친구는 확실히 다르다. 주님께서 전도회를 통해 나에게 주신 선물, 유 집사님과 나는 지금까지도 서로를 응원하고 기도하고 있다.

● ㅅ교회와 ㄷ교회 목사님

장애인과 장애인 가족의 예배와 일상생활을 돕는 사역을 주로 하는 ㅅ교회는 세워진 지 오래되지 않은 미자립교회다. 장애인 부모님 밑에서 태어난 비장애인 자녀는 사춘기 시기에 특히 정체성에 혼란을 겪고 방황하는 시기를 많이 겪는다고 한다. 장애인인 부모님을 원망하여 집을 나가거나 심지어는 부모님께 반항하고 폭력을 사용하는 경우도 있다고 한다. 해외여행도 자유롭게 다니는 시기에 지체 장애 부모님을 둔 자녀의 외출 욕구는 쉽게 해소되지 않아서 많이 힘들어한다고 한다. ㅅ교회는 장애 가정을 복지기관과 연결하는 등 장애로 인한 사각지대가 생기지 않도록 최선을 다하고 계셨다. 여전도회연합회에서 ㅅ교회의 기동력을 위해 차량 구입비 일부, 전도용품 등을 지원했다. ㅅ교회를 통해 나는 다양한 특수 사역에 대해 알 수 있었다. 그리고 새삼 깨달았다. 복음 앞에서 모든 사람이 평등하다.

여전도회연합회의 사역은 다양하다. 부끄럽게도 나는 회장이 되기 전까지는 전도회 회비를 내면서도 연합회 일에 별로 관심을 가지지 않았던 것이 사실이다. 한 달에 한 번씩 실행위원회에 출석하면서 비로소 전도회에 눈을 뜨게 된 것 같다. 연합회 사역은 크게 선교사 지원, 군 사역 지원, 미자립교회 지원 등으로 나뉜다. 해외에서 복음을 위해 분투하시는 선교사님을 후원하고 기도하며, 군에서 꽃다운 시절을 보내는 청년들에게 복음이 들어가도록 큐티를 전달하고 군대 교회를 돕는다. 미자립교회가 자립할 때까지 성장을 돕고 기도한다.

그중 한 교회 이름이 낯익어서 보니 우리 동네에 있는 교회였다.
'나중에 이 교회분들 만나면 아는 척해야지.'
생각만 했다. 그러던 어느 날 마침내 길을 걷다가 전도용품과 함께 전도 중인 목사님 내외분을 만났다. 용기를 내서
"안녕하세요, 목사님. 제가 소속된 여전도회연합회에서 실행위 때마다 모여 ㄷ교회를 위해 매월 기도하고 있습니다."
말씀드렸다. 목사님과 사모님은 몹시 기뻐하셨다. 작은 교회를 기억해 주고 기도해 주시는 분들이 계시니 힘이 난다고 하셨다. 우리 연합회에서 후원하는 미자립교회가 동네에 있다는 걸 알고 ㄷ교회 홈페이지에 방문해 본 적이 있었다. 그날 내 눈을 깜짝 놀라게 한 사실이 있었다. ㄷ교회는 더 작은 규모의 또 다른 미자립교회를 위해 후원을 하고 있었던 것이다. 받은 사랑을 또 흘려보내는 그 모습이 너무나 아름다웠다. 영원히 마르지 않고 샘솟는 하나님의 사랑을 믿는 이들의 큰 믿음의 당연한 결과였다.

● ㅂ교회 김 집사님

　전도회를 마음에 품고 본 교회에서 기도하는 것은 결코 쉽지 않았다. 본 교회와 우리 집 사이의 물리적 거리 때문이었다. 집 앞 교회에서 아침기도를 드리겠다고 결단했다. 이 교회는 기도와 전도에 힘쓰는 건강한 교회다. 매일 정해진 시간에 올리는 기도가 쌓여 갈수록 뿌듯한 마음이 들었다. 그러나 얼마 지나지 않아 불청객이 등장했다.
"지이익 지익 딱."
　기도 시간이 지나고 십여 분이 지나면 들려오는 이 소리 때문에 기도의 흐름이 끊어지기 일쑤였다.
'도대체 누구야?'
　신경질이 절로 났다. 소리의 주인공은 금세 밝혀졌다. 여든 중후반의 어르신이었다. 성도들은 백발의 노신사를 '김 집사님'이라고 불렀다.
'좀 일찍 다니시지, 아이참'
　문제의 그 '우리 김 집사님'의 지팡이는 어김없이 나의 영적인 고요를 깨뜨리곤 했다. 그러나 얼마 지나지 않아 김 집사님에 대한 나의 작은 불평이 사라졌다. 그날은 내가 아침기도에 늦은 날이었다. 마른세수를 하며 부랴부랴 교회를 향해 달려가고 있었다. 그날따라 눈이 와서 길은 또 얼마나 미끄럽던지…….

"지이익 지익 딱."

그때, 근처에서 익숙한 소리가 들려왔다. 고개를 드는 순간 내 입에서는 짧은 탄식이 흘러나왔다.

"아… 김 집사님……."

쌓인 눈길을 헤치고 한 걸음 한 걸음 힘겹게 내딛는 김 집사님의 모습이 보였다. 지팡이가 먼저 한 걸음 앞장서면 김 집사님의 불편한 반대편 다리가 흔들거리며 힘겹게 지팡이를 따라갔다. 아침기도를 위해 교회 바로 앞에 사는 김 집사님은 3, 40여 분 전에 집을 나서신 것이다. 좁은 횡단보도도 두 번에 나누어 건너오셨다고 했다.

"힘드신데 오늘은 그냥 댁에서 기도하시지."

라는 나의 말에

"나는 습관이 이렇게 들어 버렸어요."

라며 어린아이처럼 해맑게 웃으시는 모습에 마음이 먹먹했다. 김 집사님은 다리뿐만 아니라 한쪽 눈의 기능이 상실되셨고, 그나마 나머지 한쪽도 물체가 흐릿하게 보인다는 사실은 나중에 알게 되었다. 아버지를 향한 그 걸음을 누가 막겠는가? 그 뒤로는 집사님의 지팡이 끄는 소리가 더 이상 소음으로 느껴지지 않았다. 오히려 소리가 들리지 않으면 '어디 편찮으신 건 아닌지?' 걱정하는 마음이 들었다.

"전도사님, 전도사님은 어떻게 이렇게 부지런해?"

아침마다 기도의 자리에서 만나는 나를 김 집사님은 전도사님이라고 부르셨다. 집사님뿐만 아니라 매일 기도하러 집 앞에 있는 교회에 나가다 보면 웃지 못할 일이 자주 생긴다. 특히 재작년에는

"매일 기도하고 가시는데 전도회 활동은 아직 안 하시나 봐요. 한 번 나와 보세요."

라는 권유를 자주 받았다. 그럴 때마다 나는

"그러고 싶은데… 제가 전도회장이라서 아마 안 될 거 같아요."

라고 대답하곤 했다. 그러면 어김없이 웃음꽃이 피었다. 말씀대로 살고 기도하고 전도에 힘쓰는 아름다운 B교회와 성도들을 통해 많은 감동과 깨달음을 얻었고 지금도 많이 배우고 있다. 지면을 통해 감사와 사랑을 전한다.

다시 우리 김 집사님 이야기로 돌아가겠다. 나만 보면 '전도사님'이라고 부르시는 김 집사님께 나는 한사코 손사래를 치며 전도사가 아니라고 말씀드렸다. 그래도 다음에 뵈면 새롭게

"전도사님, 오늘도 나보다 일찍 오셨네. 역시 전도사님이야."

라고 부르시곤 했다. 다른 교회 성도라고 설명드려도 그때만 잠시 고개를 끄덕이시고 어김없이 전도사님이라고 부르시는 통에 나는 본의 아니게 전도사를 사칭하게 되었다. 나를 전도사님으로 만들어 주셨던 (?) 우리 김 집사님은 작년 겨울에 세상을 떠나셨다. 아버지 품에 안기기 며칠 전까지 한 걸음 걷고 쉬고, 또 한 걸음 걷고 쉬면서도 마지막 육신의 기력을 모아 기도드리기 힘썼던 선배 신앙인의 모습은 너무나

귀하고 아름다웠다. 그리고 나는 그 걸음을 따라 걸으려 한다.

● 동생 박 집사님

  한 집사님과 같은 사랑방 가족인 인연으로 용기 내어 전도회에 나온 박 집사님은 나보다 한 살 어린 차분하고 조용한 성품의 자매다. 딸이 우리 교회 주일학교 출신이라 교사로 섬기고 있는 나에게는 학부모님이시기도 하다. 반 담임은 아니지만 교사와 학부모 관계였다가 전도회 안에서 선후배가 되는 건 어쩐지 쑥스러웠다. 그래서 내가 회장일 때는 코로나가 잠잠해지는 시기인데도 괜히 마스크를 눈 밑까지 끌어올려 착용하고 모임을 진행했던 기억이 난다. 나도 한부끄러움하지만 박 집사님은 더 부끄럼쟁이라 담에 안 나오면 어쩌나 전전긍긍했던 생각도 난다. 그러나 내가 아는 사람들 중 수줍음의 끝판왕인 우리 박 집사님 역시 하나님께서 주시는 마음에 순종을 했다. 낯설고 어려웠을 시기도 있었을 텐데 전도회의 자리를 아름답게 채워 주며 따랐다. 아, 딱 한 번… 다음 해 임원을 선출할 때 아주 잠시 반항을 하긴 했다. 그렇지만
"결국 내가 이렇게 될 줄 알았어."
라고 하며 감사하게도 서기 직분을 잘 맡아 주었다. 내가 보기에도 사랑스럽고 예쁜데 하나님 보시기에는 얼마나 더 사랑스러우실까? 박 집사님을 보며 하나님을 사랑하고 섬기는 일에 내 기질과 성품이 중요하지 않다는 것을 깨닫게 된다. 박 집사님 어머니인 유 권사님도 딸의 성장과 귀한 섬김을 보며 어찌나 기뻐하시는지 모른다. 지금도 권사님

을 뵐 때마다 나는 이렇게 인사드린다.

"권사님, 우리 박 집사님 낳아 주셔서 감사합니다!"

또 다른 박 집사님인 작년 5여전도회 회장 박 집사님과 함께 '박시스터즈'로 새가족을 열심히 섬기는 우리 박 집사님의 앞날이 너무나 기대가 된다.

● ㅇ 자매

처음 내게 전도회는 상명하달의 체계를 가진 조직처럼 느껴졌다. 초기에 나는 '가만히 있으면 중간이라도 간다'는 우리 조상님들의 말씀을 적극 실천했다. 그러다 ㅇ 자매의 일을 통해 전도회의 역할은 어디까지일까 다시금 생각하게 되었다. 중국에 계신 선교사님의 대학생 딸인 ㅇ 자매가 중환자실에 있다는 소식을 전한 것은 '우리의' 권 권사님이었다. 대학부 담당 간사로 섬기며 ㅇ 자매의 안타까운 소식을 듣게 된 것이다. ㅇ 자매는 대학을 입학하며 우리 교회에 오게 되었다고 한다. 예배에 출석하던 것도 잠시 본인과 맞지 않다는 생각에 곧 교회를 옮겼다고 한다. 그러던 중 우리 교회 한 청년이 우연히 자매의 건강이 위급한 상태이며, 헌혈증을 구하고 있다는 사실을 사회관계망에서 발견하게 되었다. 자매의 언니가 올린 글이었다. 잠시지만 우리 교회에 몸담은 자매를 위해 청년들이 먼저 나섰다. 헌혈증을 모으고 릴레이 기도를 시작한 것이다. 부모님인 선교사님들은 멀리 중국에 계시고 한국에는 두 자매만이 남겨져 있었다. 그 중 ㅇ 자매는 의식조차 희미한 상태로 큰 병원에서조차 살 가망성이 없으며 며칠 내에 사망할 것이라는 말을 했다고 했다.

대학부 간사인 4여전도회 회장, 권 권사님은 우리에게 기도제목을 전하며 자매를 위해 기도하고, 헌혈증을 모으고, 여러 방면으로 후원을 하도록 독려했다. 한시가 급한 일이라 모두 마음을 모았다. 정신이 들어도 온몸에 마비가 올지 모른다는 청천벽력의 소식이 전해졌다. 자매는 중환자실에서 힘겨운 싸움을 벌이고 있었고 언니는 하루에 한 번 허락된 면회 시간을 기다려 알아듣는지 못 알아듣는지 모를 자매에게 많은 이들이 기도하고 있다고 전하고 또 전했다. 안 좋은 소식이 전해지기도 했다. 그러나 하나님은 많은 이들의 기도를 외면하지 않으셨다. 경험이 많고 친절한 의료진을 만나게 하셨고, 정신이 깨어나도 전신마비가 올 거라는 자매의 손에 힘을 주셨다. 처음에는 인지부조화로 자음, 모음조차 헷갈려했던 자매는 노력에 노력을 거듭해 마침내 글씨를 쓰게 되었다. 잠시 머물렀던 교회의 청년들과 교인들이 자신을 위해 기도하고 응원하고 있다는 소식을 들은 자매는 조금씩 기운을 차리기 시작했다. 그리고 자신의 몸이 아픈 와중에도 옆 병상의 환자들을 위해 기도를 했다.

사실 자매의 언니를 통해 전해지는 모든 기도 편지를 전도회 단톡방에 올리는 건 쉬운 일만은 아니었다.
'기도제목을 너무 자주 올리는 게 아닐까?'
'전도회와 직접적으로 연관이 있는 일이 아니라고 생각하고 회원님들이 싫어하면 어떻게 하지?'
와 같은 인간적인 고민이 든 적도 있었다. 그럴 때마다 권 권사님은

'단합된 힘'을 강조했다. 개별 조직으로서 전도회가 아니라 고유의 개체인 동시에 연결된 유기체로서 전도회가 움직여야 교회가 더 큰 힘을 발휘한다고 강조했다. 감사하게도 우리 회원들도 엄마와 이모, 언니의 마음으로 기도제목을 따라 함께 걱정하고 응원하고 기도했다. 평소에 월례회에 나오지 못하는 회원들도 단톡방에서 자매의 소식을 기다리며 함께 마음을 모았다. 어찌나 감사하던지. 좋으신 하나님은 우리의 기도를 들어주셨다. 지금 자매는 부모님이 계신 중국에 머무르고 있다. 하나님께서 회복시켜 주신 건강한 육체로!

● ㅇ 집사님

여전도회연합회에서는 일 년에 한 번 정도 수양회를 개최한다. 수양회를 통해 상반기 동안 수고한 회원들에게 위로와 재충전의 시간을 제공하는 것이다. 예전에는 함께 모여 밥을 지어 먹는 그야말로 식구(食口)의 모습이었다고 한다. 코로나 이후 숙박을 지양하고 하루하루 모였다 흩어지는 형태가 자연스러워졌다. 수양회에 목사님들과 찬양 사역자들, 간증자들이 함께 예배하고 특강을 진행한다. 찬양 대회를 하거나 말씀 암송 대회를 하기도 한다. 그야말로 말씀으로 힘을 얻고 말씀 안에서 쉼을 누리는 시간인 것이다.

간증자로 선 ㅇ 집사님은 북향민으로 우리에게도 낯익은 분이었다. 집사님이 나오는 프로그램을 즐겨보던 딸아이가 자기도 가고 싶다고 해서 최연소 여전도회 회원으로 함께 참여하게 되었다. 해와 같이 밝은 얼굴로 찬양하는 ㅇ 집사님 모습이 얼마나 사랑스러운지 절로 미소가 번졌다. 우리에게 잘 알려진 북한가요를 개사해 만든 찬양을 듣는데 눈에서 눈물이 흘렀다.

"여러분, 그거 아세요? 대한민국에 태어난 것만으로 세상에서 이미 상위 0.5%의 삶을 누리고 있다는 것을요. 하지만 우리는 옆집보다 더 좋은 집이나 차가 없어서, 내 친구 아이보다 내 아이가 더 좋은 학교를 다니지 못해서 쉽게 낙심합니다. 저도 한때는 눈에 보이는 것들을 하나님께 구한 적도 있었습니다. 하지만 여러분, 하나님은 우리에게 필요한 것을 이미 다 아십니다. 생명! 영원하고 가치 있는 하나님의 생명을 구하십시오!"

자유를 위해 모진 고난을 겪은 그녀이기에 고개를 끄덕일 수밖에 없다. 나의 기도는 무엇을 구하고 있는가? 체험학습을 내고 엄마 옆에 앉아 ㅇ 집사님의 간증을 듣는 내 아이의 우수한 성적? 모델 같은 체형? 결코 아니다.

전도회장 임기를 마치고 이제 한숨 돌리겠다는 찰나에 딸아이가 혼절하는 일이 발생했다. 사춘기 정점에 이른 딸을 이해하지 못해 모녀간에 갈등이 많이 있을 때였다. 기도할 때마다 눈물이 나고 하나님께 힘들다고 호소했다.

"네가 마음에 품는 생각과 잔소리 그대로 아이에게 일어나길 바라니?"

내면의 소리가 크게 들려왔다.

"아니요. 아니요! 제가 구하는 것은 주님께서 주시는 참 평안과 영원한 생명입니다."

그 이후 나는 딸을 대하는 태도를 180도로 바꾸었다. 엄마가 바뀌니 사춘기 딸도 바뀌었다. 우리에게 주신 언어의 힘을 다시금 깨닫게 되었다.

"저의 꿈은 통일이 되고, 북한에 들어가 하나님의 생명을 북한 사람들에게 전하는 것입니다. 눈이 안 좋은 어르신들도 보실 수 있도록 성경책을 크기별로 잔뜩 실어 가서 나누어 줄 것입니다. 북한 사람들 귀에 익숙한 노래에 찬양 가사를 입혀 하나님을 목 놓아 찬양할 것입니다."

ㅇ 집사님의 눈에 눈물이 맺혔다.

"여러분이 당연하게 누리는 일상이 누군가에게는 기적이라는 것을 아십니까? 매일의 주어진 시간 속에서 감사의 열매를 맺는 삶이 되기를 바랍니다."

● 최 집사님

이름만 불러도 눈물이 나는 내 동생이다. 나보다 한 살 어린 최 집사님 기수는 워낙 회원들 수가 적었다. 내향적이고 섬세한 성향의 최 집사님은 우리 동기들의 임기가 끝나는 12월이 다가오면서 부쩍 말이 없어졌다. 나 또한 전도회 임원 그중에서 회장이라는 자리가 주는 부담감을 너무나 잘 알기 때문에 기회가 있는 대로 권면하면서도 강권할 수는 없었다. 그저 기도하는 수밖에.

"해 볼게요! 해야지 어쩌겠어. 그동안 내가 전도회 안에서 받은 은혜가 얼만데……."

입을 앙다문 최 집사님의 표정에 단호함이 어렸다. 그즈음 최 집사님은 가정 내에 도사린 문제 때문에 마음이 어려운 상태였다. 그러나 전도회에 대한 거룩한 책임감을 거부할 수 없다고 했다. 눈물이 핑 돌았다.

"기도할게. 필요할 때 나의 노동력도 기꺼이 제공할게. 고마워."

가만히 등을 두드렸다.

"고맙긴. 내가 해야 되는 건데… 기회 주시는 것에 감사해야지. 내 기질상 리더 자리가 쉽지 않긴 해요. 계속 기도해 주세요."

최 집사님의 단단한 내면을 알기에 안심이 되었다. 감사하게도 이 집사님이 부회장으로, 박 집사님이 서기로 섬겨 주겠다고 했다. 임원의 대부분이 극내향인이다. 하지만 우리를 움직이는 원동력은 하나님이다. 이제 하나님의 인도하심만 구하면 된다! (그리고 최 회장님은 하나님께서 공급하시는 힘으로 너무나 잘했다. 언제나 우리의 생각을 뛰어넘으시는, 우리의 작은 믿음의 조각을 사용해 일하시는 하나님께 감사드린다.)

● 김 집사님

  나보다 두 살 적고, 내 후임 최 집사님보다는 한 살 적은 김 집사님은 학교 선생님이다. 이성적인 판단력도 뛰어나고, 재치와 위트를 겸비한 김 집사님은 최 집사님과 단짝이기도 하다. 교회 특별히 전도회의 좋은 점 중에 하나는 영적인 가족들과의 친밀한 교제라 할 수 있다. 내일모레 50인 나는 얼마 전까지 막내전도회 회장이었다는 이유로 아직도 '막둥이'라고 불리곤 한다. 연배가 있으신 권사님들께서는 가끔 '아가'라고 부르시기도 한다. 앉았다 일어나면 무릎에서 '딱!' 소리가 나고, 노안이라 독서할 때 눈도 침침하지만 놀랍게도 나는 그분들의 '귀여운 막내'다. 그런데 신기한 건 나보다 겨우 한 살 어린 최 집사님을 볼 때 어느새 나도 "막내야~"라고 부르고 있었다는 사실이다. 두 살 어린 김 집사님은 말할 것도 없이 당연히 더 사랑스럽게 보일 수밖에 없다. 그런데, 최 집사님이 회장이었을 때 사랑스러운 김 집사님이 잠시 전도회를 떠난 일이 있었다.

  "언니들 계속 막내전도회에 남아 있으면 안 돼요?"
  최 집사님 임기가 끝나면 다음 차례는 본인 기수이기에 마음의 부담감이 컸던 것 같다. 아마 책임감이 강한 만큼 더 중압감이 찾아온 건 아닐까? 그렇게 잠시 전도회 방황의 시기도 있었지만, 똑순이 김 집사님은 지금 막내전도회의 회계를 맡으며 전도회의 살림을 알뜰살뜰 꾸려 가고 있다. 앞으로도 하나님께서 우리 김 집사님을 신실하게 인도하시고 더 단단하게 세우실 것을 믿는다.

● ㅇ교회 여전도회장님

　대학교 후배인 유 목사님이 구미에 개척한 ㅇ교회의 여전도회장님은 한눈에도 온화함이 느껴졌다. 유 목사님이 ㅇ교회를 개척하기까지 부부가 물심양면으로 큰 힘이 되어 주었다고 했다. 유 목사님과 교회를 위해 늘 마음속으로 기도만 하다가 명절을 맞이해서 남편과 딸과 함께 방문하게 되었다. 명절을 앞두고 있던 교회는 현장 예배를 드리는 성도보다 가정과 친척집(목사님의 부모님은 선교지에서도)에서 온라인으로 예배를 드리는 분들이 더 많았다. 미리 연락하지 않고 현장 예배에 참석한 우리 가족을 보며 목사님과 두 분은 놀라면서도 반가워하셨다. 모두가 해외와 국내 그리고 온라인과 오프라인이 어우러진 은혜로운 예배를 드렸다. 특별히 설교에 집중하는 목사님을 도와 예배순서를 돕는 동시에 예배에 차분히 집중하는 두 사람의 모습은 나에게 큰 감동을 주었다.

　예배 후, 부부는 목사님께 감사 인사를 하며, 예배당을 정리했다. 그리고 목사님을 위한 명절선물과 과일도 전하셨다. 멀리서 방문한 우리 가정을 환대하며 차와 간식도 챙겨 주셨다. 많은 대화를 나누지 못해도 두 사람의 품격 있는 모습은 나에게 많은 깨달음을 주었다.
　"저는 ㅇ교회 여전도회 회장이에요."

라고 말하며 내미는 손에서 따스한 온기가 전해졌다.

"지금은 교회 전체에서 여전도회 회원이 저 한 명이지만 앞으로 회원들을 더 보내 주실 거라 믿어요."

미소 짓는 집사님의 눈을 마주 보며 나는 고개를 끄덕였다. 1명이든 100명이든 숫자가 뭐가 그리 중요하겠는가? 중심을 보시는 하나님께서 주를 간절히 구하고 주의 종을 아끼며 주의 성전을 사랑하는 이분들을 얼마나 예뻐하실까? 말씀 선교사를 꿈꾸는 유 목사님께 하나님께서 브리스길라와 아굴라 같은 믿음의 동역자를 붙여 주심에 감사하다. 한 명이 많은 봉사를 기쁘게 감당하는 ㅇ교회 여전도회장님은 오래오래 기억에 남을 것 같다.

4장

어서 와,
전도회는 처음이지?

● 전도회 구성과 운영

개별 교회를 중심으로 설명해 보겠다. 전도회(선교회)는 남녀 전도회로 구성되며, 연령에 따라 구분한다. 전도회는 통합하여 협력하고 조언을 주시는 담당 목회자가 있다. 교회에 따라 전체를 통합하는 목회자 외에도 각 전도회별로 담당자를 두는 경우도 있다. 혹은 전도회에 발 들이는 막내 전도회에 담당 목회자를 두어 전도회에 대한 가이드 지침을 두고, 새롭게 시작하는 임원들에게 도움을 제공하기도 한다.

전도회별로 임원(회장, 부회장, 총무, 회계, 서기)을 둔다. 회장은 교회의 지침을 전달하거나 전도회 연합 시 대표자 역할을 한다. 부회장은 회장 부재 시 대리하며 기도에 힘쓴다. 총무는 전도회 내 사역의 전반적인 것을 관할한다. 회계는 회비를 수납하고 지출하는 것을 관리한다. 성격이 꼼꼼하며 일 처리를 미루지 않는 성품을 가진 사람이 맡으면 좋다. 서기는 전도회 회의록을 작성하여 출력하거나 단톡방을 통해 회원들에게 공유한다. 오프라인 전도회 모임을 기준으로 5일 정도 전에 당월 했던 일과 다음 달 해야 할 일, 광고 공지와 수입과 지출 내역을 정리해 두면 좋다. 단, 회계의 경우 월례회 직전에도 지출이 발생할 수 있으므로 최종날짜를 기입해 두면 좋다.

● 교회 내 기여

전도회는 또래 회원들과 함께 전도회 단독으로 혹은 다른 전도회와 연합하여 여러 방향의 섬김을 통해 교회를 도울 수 있다. 전도회비는 교회 내 사역에 사용된다. 우리 교회를 중심으로 설명해 보자면 우선 연초에 성미 신청을 받는다. 예전에는 쌀을 조금씩 봉투에 담아서 가져오거나 포대로 된 쌀을 내기도 했다고 한다. 지금은 곡식으로는 포대에 밀봉된 것만 낼 수 있으며 현금으로 납부해서 구입에 사용되도록 한다. 한국교회 초기에 어머니들이 밥을 짓기 전에 미리 한 숟가락씩 덜어서 모아 놓은 것을 교회에 가져다 드리던 전통에서 시작되었다고 한다. 작은 것이라도 하나님께 먼저 드리는 아름다운 전통이다.

주방 섬김이들을 도와 식사 후 설거지와 교회 식당 곳곳을 정리한다. 잔반을 처리하고 식기와 식판들을 정리한다. 추수감사 주일이나 성탄 주일 등 특별한 날 교회 강단을 정돈하고 장식하는 일도 한다. 단, 교회마다 차이가 있다. 장식을 따로 담당하는 부서나 담당자가 있는 곳도 있다. 전도회 헌신 예배를 준비하며 합심하여 말씀 암송이나 찬양 대회 감사의 나눔 등의 시간을 갖는다. 별도의 연습 시간이 필요한 경우가 있다. 또, 남전도회 회원들과 연합해서 교회 조직의 업무에 기여하기도 한다.

● 월례회

전도회는 보통 월 1회 전도회 모임을 가진다. 회원들의 요구나 특수한 경우 매주 혹은 격주로 모이는 것도 가능하다. 전도회 모임에서는 예배와 친교, 전도회 내외부 일정 공지 등을 나눈다. 우리 교회 전도회의 경우 전도회를 크게 두 그룹으로 나누어 월 1회 수요 예배 찬양대로 섰다. 교회 일도 하지만 전도회는 친교의 의미도 크기 때문에 봄과 가을에 야유회를 가지는 것도 중요하다. 상황에 따라 숙박을 할 수도 있지만 잠시 교외에 나갔다 오는 것만으로도 새로운 기분이 든다. 젊은 전도회는 육아로 인한 공동체의 단절이 많은 시기이므로 자녀와 함께 할 수 있도록 배려하는 것도 필요하다. 실행위원회는 1년 12개월 필참은 아니지만 우리 회비가 어떻게 사용되는지 회원들에게 설명하는 통로로도 유익하다. 회장뿐만 아니라 임원들이 돌아가면서 참석하는 것이 출석에 대한 부담도 경감되고, 개인 간 이해도도 올릴 수 있어 좋다.

사업(활동) 보고를 할 때, 회비 사용을 담은 회계장부만 따로 출력해서 설명할 수 있다. 회계 상황은 때마다 유동적으로 달라지기 때문에 전도회 직전에도 지출이 발생할 수도 있기 때문이다. 회의록과 회계 상황은 현장 참여를 하지 못한 회원들을 고려해 매월 혹은 특별 지출이 발생할 때마다 단톡방에 올려 공지하는 것이 좋다. 어느 쪽이든 전도회의 형편에 맞게 하면 된다. 연말에 1년분의 회계자료를 한 번에 제시하는 경우도 있다.

〈월례회 회의록〉의 예를 살펴보겠다. 실제로 내가 소속된 전도회의 회의록이며, 회비 납부 및 사용 등의 회계 내역은 따로 다루지 않았다. 임원 중 해외선교팀에 속한 임 집사님이 선교사님들의 사역과 기도제목을 소개하는 점이 특색 있다.

※❖※❖※❖※❖※❖※❖※❖※❖※❖※❖※❖※❖※❖※❖※

대한예수교장로회 ▨▨교회
2025년 8월 제5여전도회

- 제 5여전도회는 1975년 ~ 1979년생 모임입니다.
  전도회 정기 모임은 **매월 첫째주 2부 예배 후 중등부 교사실(비전센터 5층)**에서 모입니다.
  교제와 나눔을 통한 사랑가운데 하나님의 일을 잘 감당하는 전도회가 되길 바랍니다.

✤ **이달의 말씀** : 이르시되 너희 믿음이 작은 까닭이니라 진실로 너희에게 이르노니 만일 너희에게 믿음이 겨자씨 한 알 만큼만 있어도 이 산을 명하여 여기서 저기로 옮겨지라 하면 옮겨질 것이요 또 너희가 못할 것이 없으리라 (마태복음 17:20)

◉ **8월 월례회 (8월 3일)**
  1. 말씀 나눔   2. 생일축하/신입회원 소개   3. 공지사항 및 회계보고
  4. 해외선교 소식   5. 기도제목 나눔   6. 마침기도

◉ **회계보고 및 광고사항**
  회계보고는 단톡방에 파일로 올려서 보고하고 있습니다.
✱ 회비는 월 1만원 또는 연 12만원을 납부해 주시면 됩니다.
  입금계좌는 카카오뱅크 3▨▨ 20 ▨▨▨▨5(김▨▨)
  (회비는 월례회 간식, 행사비, 교회 사역지원, 국내외선교 등에 사용됩니다.)

1. 8월 둘째 주(8/10) 주일, 4여전도회를 대신해 설거지 봉사가 있습니다. 바쁘시겠지만 많은 참여 부탁드립니다. 9월은 5여전도회 설거지 봉사가 있는 달입니다. 9월 설거지 봉사에도 많은 관심 부탁드립니다.

2. 여전도회 연합회 하기 수양회 일정 알려드립니다.
   - 일시: 8월25-26일(월,화), 26일 찬양제(1-3시)
   - 장소: ▨▨교회
   - 시간: 오전 10-5시(출퇴근, 점심 제공)
   • 교회 차량 이용 시 인원과 명단 확인을 위해 미리 말씀해 주세요(오전9시10분 출발)

3. 9월 첫째주(7일) 주일 오후 예배는 여전도회 헌신예배로 드립니다. 여러분들의 소중한 참여를 기대합니다.(연합찬양대로 섭니다.)

4. 8월 13일(수요일) 루디아 찬양대에 많은 참여를 부탁드립니다. 1층 성가대실에서 오후 6시부터 연습이 시작됩니다. 간식도 준비되어 있으니 많이 오셔서 함께해 주세요.

● 전도회의 유익

1) 믿음의 동역자를 얻음: 선후배 기도의 동역자들 그리고 담당 교역자와 회원들 간의 교류를 통해 하나님께서 허락하신 교제와 연합의 기쁨을 누린다.
2) 교회의 질서를 익히고 질서에 순종하는 훈련을 할 수 있다.
3) 회비와 후원과 기도를 통해 소속 교회와 노회와 전체 여전도회에 도움이 된다.
4) 온·오프라인상 모임과 교류 등으로 회원들 간의 정서적 지지가 이루어진다.
5) 소속감을 부여한다.
6) 비슷한 연령대의 최신의 정확한 연락망을 갖출 수 있다.
7) 정보가 누수되지 않고 촘촘하게 전달되는 역할을 한다.
8) 교회 사역을 보조적으로 섬길 수 있으며 사역의 사각지대를 메울 수 있다.

● 참여를 유도하고 관리하는 팁

이렇듯 전도회는 많은 유익을 주는 모임이지만, 무엇보다 회원들의 참여가 중요하다. 월례회뿐만 아니라 교회에는 크고 작은 일들이 많다. 그러나 회원들의 모습과 개성이 다양하듯이 회원들의 상황이 다 다르기 때문에 행사에 참석할 사람과 참석하지 못하는 회원들을 구분하기는 쉽지 않다. 매번 월례회 모임에 참석하지 못해도 온라인에서도 참여를 유도할 수 있다. 참여 현황은 직관적으로 한눈에 파악 가능하도록 한다. 먼저, 2023년 임기를 앞두고 전도회 단톡방을 만들기 전에 회원들에게 신임 회장으로서 내가 회원들에게 남긴 인사를 소개해 보고자 한다. 단체 톡방은 새로 만들 수도 있고, 선배 기수 때부터 이어온 단톡방을 계속 이어서 관리하는 경우도 있다. 나와 선배 회장들의 경우 후자의 방식으로 단톡방을 관리했다. 12월 새 임원단이 선출되면 구임원들은 새롭게 세워진 임원들을 격려하고 회원들의 참여를 당부하며 감사의 마음을 담은 인사를 남기고 단톡방에서 나온다. 단, 교회마다 상황에 따른 차이가 있을 수 있으니 참고만 하는 것이 좋겠다.

안녕하세요? 23년도 6여전도회 회장 이경희입니다. 한 공동체 안에서 만나게 되어 감사하고 반갑습니다. 6여전도회에 대해 소개하고 혹시 단톡방에 초대해도 될지 여쭈어보려고 연락드렸습니다.

먼저 우리 교회는 40세 이상 남녀 성도가 1~6전도회에 속합니다(5년 단위). 올해 6여전도회는 다양한 교구의 78~83년생으로 구성됩니다(2023년도 기준).

Q1. 전도회 모임은 어디서 하나요?

모임 시간: O번째 주 주일 O부 예배 후

모임 장소: OO관 O층

Q2. 소속에 대해

"이미 저는 신혼가정부에 속해 있어요."

"저는 사랑방 모임도 있습니다." → 여전도회는 40세 이상의 여성도들의 모임입니다.

Q3. 전도회는 어떤 모임인가요?

1. 교회의 은혜의 질서에 순종해서 교회와 협력하는 조직입니다(예: 비정기적으로 교회 사역 섬김 등).
2. 특별히 6여전도회는 생의 주기에서 많은 변화를 겪는 연령인 40대 여성도들의 신앙과 삶을 나누며, 소속감을 제공하는 울타리 같은 공동체가 되고자 합니다.

Q4. 모임(월례회) 참여가 어려워요.

"교회 봉사와 시간이 겹쳐서 월례회 참어는 힘들 것 같아요" "5-10분 정도 짧게 참여할 수 있는데 괜찮을까요?" → 네, 괜찮습니다. 연령대의 특성상 교회 내 섬김도 많아 단톡방 위주로 활동하실 수도 있습니다. 상황과 여건이 허락하는 대로 편하게 교제하고 나누면 좋겠습니다.

Q5. 지난 활동이 궁금해요.

1. 대예배와 교육 부서 예배 말씀 나눔

2. 루디아 성가대(4-6여전도회)

3. 회원 부모님 상 부의금 전달

4. 야유회(나들이)

5. 월례회 예배와 신앙 나눔

6. 삶의 나눔

7. 가정 예배와 말씀 읽기 독려

긴 글 읽어 주서서 정말 감사합니다. 우리 인생은 하나님 손에 달려 있습니다. 임마누엘의 은혜를 누리고 고백하고 흘려보내시는 멋진 2023년 되시길 축복합니다. 회원님의 영육 강건과 가정의 평안과 화목, 날마다 공급하시는 은혜를 기대하고 기도합니다. 감사합니다.

어디까지나 나의 경우이니 참고 정도만 하면 좋겠다. 오랫동안 전도회 활동을 하지 않거나 마음의 어려움을 겪는 시기의 회원의 경우 차가

운 거절의 답변이 돌아오는 경우도 있다. 지인을 통해 한두 번 더 권면해 보되 그분이 믿음의 길에서 떠난 것이 아니라면 억지로 전도회 참여를 강제하지 않는 편이 좋다.

회원이 모이면 단톡방을 통해 회원들과 소통하고 업무를 진행시키는 경우가 많다. 다음은 활동이 있을 경우 참여를 유도하는 법을 나누겠다. 가장 좋은 것은 전도회 활동의 필요성을 회원이 충분히 인지하는 것이다. 그러나 마음의 부담감이나 개인의 일정 등 다양한 사정이 있을 수 있기 때문에 임원들은 최대한 열린 마음으로 회원들의 상황을 주시해야 한다.

(1) 단톡방 활용

단톡방은 일 처리를 기민하게 할 수 있고 순간순간 활용이 가능한 장점이 있다. 교회 안에 다양한 일들이 있다. 찬양 대회 팀을 꾸리거나 주방 섬김 등을 할 때 회원들의 형편은 다 다양하다. 전 회차 다 참여가 가능한 사람들도 있지만 참여가 불가능하거나 부분적으로 참여가 가능한 경우도 있다. 혹은 모든 날짜를 참여할 수 있으나 시간적으로 수십 분 정도만 가능한 경우도 발생할 것이다. 이런 모든 경우를 개별로 문자메시지를 받거나 하다 보면 헷갈리거나 정리에 어려움이 있어 누락 되는 일이 발생한다.

주방 섬김 신청과 수양회 참석 신청을 예로 들어 보겠다. 주방은 힘든 봉사 중에 한 곳이기 때문에 전도회 차원에서 돌아가며 주방 봉사팀을 보조하는 경우가 많다. 한 전도회가 한 달을 맡아 운영하는 경우가 대부분이다. 물론 다른 전도회와 일정을 조율해서 부분적으로 바꾸는 것도 가능하다. 무엇보다 직관적으로 파악되는 게 좋다.

〈○여전도회 주방 섬김 신청〉
임○○
한○

신청자가 나오면 계속 덧붙여서 한눈에 명단과 인원이 파악되도록 하는 것이다. 시간을 표기하기도 용이하다.

〈○여전도회 주방 섬김 신청〉
임○○
한○
임○○
김○○
신○
김○○
이○○(1:20~1:45)

조OO

날짜가 세분화되어 있어도 한눈에 들어오도록 표현할 수 있다.

〈O여전도회 주방 섬김 신청〉

9월 8일

임OO

한O

임OO

김OO

신O

김OO

이OO(1:20~1:45)

조OO

9월 22일

임OO

임OO

김OO

신O

김OO

이○○(1:20~1:45)

조○○

이○○

여전도회연합회가 주관하는 하계 수양회의 경우를 예로 들어 보겠다. 수양회는 이틀 동안 진행되었고, 교회 차량을 이용하거나 개인적으로 이동하는 방식의 조사가 이루어졌다. 일일이 개인에게 연락을 취하는 대신 기본 틀을 제시한다. 참석자에 따라 계속 이름이 덧붙여지며, 임원들은 그때그때 취합할 필요 없이 최종본만 확인하면 되니 간편하고 한눈에 파악된다.

〈수양회 참석 신청〉

1. 7일 교회 차량 이동:

2. 7일 자차 이동: 임○○, 박○○, 이경희(+딸과 동행)

3. 8일 교회 차량 이동: 선○○

4. 8일 자차 이동: 이경희

(2) 출석상

재정이 허락한다면 연말에 월례회에 참여하는 회원들 중에 열심히 참석하는 회원들에게 출석에 대한 작은 칭찬의 선물을 주는 것도 좋다. 효과가 있을까 했는데 의외로 동기 부여 효과가 크다. 형식적으로 보여도 회원들 이름이 적힌 출석부를 마련하는 것은 의외로 상당한 효과가 있다.

(3) 생일 챙기기

일 년에 한 번뿐인 소중한 날, 회원들과 함께 생일을 기념하는 것은 생각보다 큰 기쁨을 준다. 재정이 넉넉한 전도회라면 상품권이나 조그마한 선물(향이 좋은 작은 핸드크림, 커피 기프티콘 등)을 준비해서 월례회마다 챙기면 좋다. 생일자가 기도제목을 나누고 짧게라도 함께 기도하는 것은 공동체의 선한 유대감을 느끼게 한다. 단톡방이 있다면 임원 중 한 사람이

- 오늘은 OOO 자매님의 생일입니다. 함께 축하해요.

글을 남기고 짧은 말이나 귀여운 이모티콘 등으로 축하해 주는 식이다. 낯간지럽고 쑥스러울 것 같지만 의외로 상당히 감사와 기쁨을 선사한다. 들인 노력에 비해 큰 감동을 주는 일종의 이벤트라고 할 수 있을 것이다. 여러 가지 사정으로 현장에 직접 나오기 힘든 회원들에게도 좋은 반응을 얻고 있다.

(4) 야외 활동

믿음 안에서 하나 된 모임이지만 때로는 소소한 일상을 즐기고 싶을

때도 있다. 우리 전도회는 코로나 이전에는 1박 2일로 숙소를 잡아 전도회 자체 수련회를 가지기도 했다. 이 경우 전도회비 외에 경비로 회비를 따로 걷는다. 전도회원뿐만 아니라 자녀들도 동반하게 하면 더 좋다. 특히 어린 자녀가 있는 전도회의 경우 가정을 떠나 1박 하는 게 쉽지 않기 때문이다. 1박이 어렵다면 가까운 공원 등의 장소에 나들이를 떠나 보는 것도 좋다. 봄, 가을 등 하나님께서 좋은 자연을 허락한 계절에 계절을 느끼며 또래 회원들과 이야기 나누고 학창 시절로 돌아가 신나게 뛰어노는 것은 색다른 추억을 제공한다. 함께 시간을 보낸 후 유대감이 더 끈끈해지는 보너스도 있다. 교회 봉사 등으로 시간을 할애하기 어려운 경우 점심시간에 맞춰 함께 식사나 티타임을 가지는 것만으로도 분위기를 환기시키는 효과가 있다. 특히 신입 회원들의 마음을 여는 데 탁월한 효과가 있다.

(5) 기도제목 나누기

연초에 회원들의 기도제목을 받는다. 생일을 축하하는 것처럼 접수된 한 개인의 기도제목을 단독으로 소개하며 회원들이 한 사람을 위해 집중적으로 기도하는 것이다. 기도가 응답받았을 때는 새롭게 업데이트하며 응답의 기쁨도 함께 나누면 더 좋을 것이다. 세상과 구별되는 우리 모임의 특징은 영적인 공동체라는 것이다. 함께 돕고 세우고 나누고 섬기는 모습이 있어야 한다.

(6) 가족들에게 감사하고 함께 시간 보내기

 가족은 전도회 회원 개개인의 최고의 지지자이다. 가족의 이해와 협조가 아니면 전도회 임원의 역할을 감당하기는커녕 한 달에 한 번 있는 월례회 모임에 나가는 것조차 어려울 수도 있다. 특별히 자녀가 어릴수록 부모의 손이 더 필요하게 마련이며 이럴 때 다른 가족 구성원들의 도움이 없다면 봉사의 자리에 나가기가 쉽지 않다. 그래서 가족들에게 늘 감사한 마음을 가지고 상황과 여건이 허락하는 한 양질의 시간을 함께 보내도록 해야 한다. 1주일에 반나절 혹은 몇 시간이라도 함께 시간과 일상을 공유하자. 배우자와 자녀들과의 건강하고 평화로운 관계는 무엇보다 중요하다. 전도회는 월례회나 전도회 봉사 시 어린 자녀들과 함께 참여할 수 있는 분위기를 만드는 것이 좋다. 간단한 간식이나 음료가 의외로 큰 효과를 내며, 이러한 참여를 통해 어른들과의 관계도 맺고 교회 내 다양한 역할이 있음을 어린 시절부터 배우게 될 것이다. 임원의 역할을 감당하기 위해 일방적으로 가족을 희생시켜서는 안 된다. 가정을 돌아보고 가꾸며 부드러운 말과 행동으로 좋은 분위기를 유지하는 일에 힘쓰자!

● 다음 임원 세우기

　전도회 임원으로 2월까지 분주한 상황을 보내고 점점 전도회에 익숙해지다 보면 한 가지 드는 생각이 있다. 바로 다음 임원들을 세우는 것이다. 요즘은 성도 수가 많은 곳도 전도회 규모가 줄어들기도 한다고 한다. 성도 수가 상대적으로 적은 교회 중 한두 개의 전도회로 교회를 돕는 일에 힘쓰는 아름다운 모습을 보여 주는 곳도 적지 않다. 그러나 아무래도 다음 기수 중 출석 인원이 적다는 것은 현 임원들에게 걱정이 될 수 있다. 이럴 경우 어떻게 해야 할까? 선배 회장님들께 질문해 보면 약속이나 한 듯이 빙그레 웃으시며 절대 염려하지 말라고 하신다. 다음 임원이 세워질 때 여호와 이레 하나님께서 이미 준비해 놓으신 걸 보게 될 거라고. 세워질 임원들을 기대하며 기도에 힘쓰도록 권면하신다. 그 무렵, 나도 성령님이 내게 주시는 감동에 따라 다음 임원들을 생각하며 아침기도를 나갔다. 내가 처음 느꼈던 묵직한 긴장감이 후배 임원들에게는 기대와 기쁨으로 떠오르게 하시기를, 하나님의 뜻에 합한 사람을 세워 주시며 그의 중심을 받아 주시기를 기도하고 또 기도했다. 그리고 주님은 나의 기도를 신실하게 응답해 주셨다.

　다음 임원을 위해 어떤 노력을 할 수 있을까?

(1) 후배 임원들과 돕는 이들을 위해 기도하자

우리 눈에 보이지 않지만 우리가 마음의 중심을 드리기만 하면 하나님은 이미 일하시기 시작하신다. 내 후임 회장인 최 집사님은 가정에 찾아온 어려움 때문에 눈물을 흘리면서도 회장직을 기꺼이 받아들였다. 사실 자리를 고사할 수도 없었다. 최 집사님의 동기는 당시 그녀가 유일했다. 기질적으로 내향적인 편이라 마음의 부담이 있었던 것도 사실이다.

"해야죠. 내가 전도회를 통해 받은 게 얼만데…"

최 집사님이 마음을 정하자 하나님의 일하심이 보였다. 하나님께서는 같은 동기 이 집사님과 박 집사님을 붙여 주셨다. 출산한 후 아직 아기가 돌도 되지 않은 이 집사님과 수줍음이 많은 박 집사님 역시 큰 용기를 내어 주었다. 동생들의 자원하는 모습에 내 마음도 뭉클했다. 또, 회계로 방 집사님까지 붙여 주서서 전도회 구성원이 갖춰지도록 하셨다. 첫 몇 개월은 월례회의 대부분이 임원들로만 이루어졌다. 이 집사님 아이가 갑자기 아파서 두세 명이 모여 자리를 지키기도 했다. 그러나 자리를 지키고 또 지키는 중에 하나님께서 전도회에 수십 명의 회원들을 보내 주셨다. 주님께서 일하셨음을 고백할 수밖에 없었다. 지금 최 집사님은 처음에 긴장하던 표정은 어디 가고 해와 같이 밝은 얼굴로 아름답게 섬기고 있다. 나만 느끼는 게 아니라 보는 사람들마다 표정이 밝아졌다고 말한다. 주님이 주시는 힘으로 일하는 자에게 임하는 복이다.

(2) 후배들을 미리 임원으로 삼는 것도 한 방법이다

전직 임원들의 임기가 끝나고 전도회 업무에 대해 잘 모르는 상태에서 바로 임원으로 세워지면 막대한 부담감이 따라온다. 미리 기도했거나 혹은 마음의 준비를 한 경우라도 막막함이 느껴질 수밖에 없을 것이다. 나도 회장이 되기 전에 서기로 섬겼지만 막상 우리 동기가 전도회를 이끌어 나가는 것은 또 달랐다. 선배들 등을 보며 그대로 따라 걷는 것이 아니라 일정 부분 우리가 조율하고 이끌어 나가야 한다는 부담이 확 밀려왔다. 그럴 때마다 생각을 고쳤다.

'이것은 내가 하는 일이 아니야. 하나님께 맡기자!'

인간적인 마음과 의지가 치고 올라올 때마다 억누르며 느리더라도 한 걸음씩 앞으로 내딛었다.

후배들에게 보조적인 임무를 주어 부담을 경감시키는 것이 좋다. 회장, 부회장, 총무, 회계, 서기 중 회계나 서기를 후배 임원들에게 맡기는 것이 좋다. 인원수가 충분하다면 기존 임원들 외에 후배들에게 부총무, 부회계, 부서기 등의 임무를 맡겨 전도회가 일 년 동안 돌아가는 사이클이나 분위기를 익혀 보도록 하는 것이 중요하다. 전도회 회원들 단톡방 외에도 임원들끼리 긴밀히 소통하는 방이 필요하다. 이 단톡방에 후배들을 참여시켜 남겨진 기록들을 훑어보며 후에 참고할 수 있도록 도움을 주자. 따스한 사랑과 격려의 말은 물론 기본이다.

(3) 인수인계 및 A/S는 고객님이 만족하실 때까지

전도회의 임기는 1월이 아닌, 전년도 12월부터 본격적으로 시작된다. 12월 월례회에서 새로운 임원들이 선출되면 그때부터 숨 고를 틈 없이 다음 해 준비가 이루어진다. 우선 새롭게 선출된 임원들의 명단을 교회에 제출한다. 명단이 올라가면 남녀전도회장 전원이 포함된 전도회 단톡방과 여전도회 단톡방이 열린다. 전도회장들 간의 유대가 중요하기 때문에 만나는 자리도 가진다. 여전도회 회장 모임 안에서도 회계 처리할 일들이 발생하므로 회계 및 총무를 선출한다. 보통 중간 기수의 전도회장이 맡는 경우가 많다. 여전도회 전체 회장의 역할은 1 여전도회 전도회장이 담당한다. 전도회는 '따로 또 같이' 일하는 경우가 많으므로 연락 체계를 잘 갖추어야 한다. 우리의 경우 후임 임원들이 재정이 부족해 어려움을 겪지 않도록 재정 운용에도 신경을 썼다.

처음 12월에서 2월 사이는 상당히 정신이 없다. 교회 내외부에서 많은 연락이 오기도 한다. 생각보다 내 뇌 용량이 많이 부족함을 깨닫고 겸손히 더 기도하게 되는 시기이기도 하다. 내가 잘 하고 있는지 확인하고 점검받고 싶은 시기이기도 하다. 직전 회장의 역할이 중요하다. 제일 좋은 것은 전체 전도회 안에서 해소하는 것이지만, 때로는 직전 회장이 바로바로 응대해 줄 수 있는 상황도 있기 때문에 새로운 회장을 위해 기도하고 격려하면서 인수인계를 잘 해 주는 것이 좋다. 전도회는 회장의 스타일에 따라 해마다 분위기가 다소 달라지기도 한다. 하지만 적절한 인수인계는 참고할 만한 자료가 될 것이다.

(4) 막내전도회에 가이드라인을 세우자

이제 첫걸음을 내딛는 막내전도회의 막내 회원이나 막내전도회의 회장과 임원들에게는 긴장감이 있을 수밖에 없다. 앞서 말했듯이 인수인계를 통해 가이드라인을 제시하면 긴장감이 해소될 때까지 참고 자료로 활용할 수 있다. 행사 목록과 지출 내역 등을 꼼꼼하고 투명하게 정리해서 전달하면 1년 단위의 행사가 한눈에 보여서 전도회 운영에 도움을 줄 수 있을 것이다. 물론 이것을 그대로 따라가라는 것은 아니다. 그러나 추수감사절 강단 꾸미기 등 해마다 비슷한 시기에 이루어지는 행사는 예상 가능하기 때문에 재정의 쓰임을 고려해 규모 있게 사용할 수 있는 장점이 있다.

(5) 담당 교역자의 도움

전도회 임원으로 섬기거나 출석 회원으로 오래 몸담다 보면 자연스럽게 전도회의 필요성을 절감할 수밖에 없다. 따로 주문이 없어도 위로 올라갈수록 전도회원들의 열심의 정도가 강하다. 이제 막 시작하는 막내전도회는 어떨까? 처음에는 여러 이유로 전도회의 필요성을 크게 느끼지 못한다. 전도회의 역할과 정체성을 파악하지 못하기도 한다. 내가 그랬기에 누구보다 더 잘 안다. 이런 막내전도회를 위해 담당 교역자를 배치하는 것도 한 방법이다. 교회 형편이나 사정에 따라 한시적으로 상반기나 3월까지만 운영할 수도 있을 것이다.

● 전도회 첫 시작을 돕는 방법

돌이켜 보면 전도회장이 되고도 첫 삼 개월 정도는 많이, 아주 많이 헤맸던 것 같다. 임기를 마치며 목사님께 전도회 회장을 하며 느낀 점을 적어 건의를 드렸던 기억이 난다. 전도회에 첫발을 내딛는 회원들을 돕기 위해 어떤 노력을 할 수 있을까?

(1) 교회에 요청

전도회가 본격적으로 시작하기 전인 12월경에 교회 사무실이나 교역자들에게 요청해 해당 연도 전도회 회원 명단을 미리 요청해 두는 것이 좋다. 회원들의 현황을 파악할 수도 있고 명단에는 있지만 교회 출석이나 전도회 참여가 저조한 회원들을 독려할 수 있는 기회가 된다. 해당 연령이 주로 소속된 부서나 그룹 목회자를 통해 전도회를 소개하고 참여를 독려하는 것도 한 방법이다. 특히 자녀의 나이가 어려 육체적으로 피곤하고, 어른과의 대화가 갈급한 회원들에게는 교류가 무엇보다 필요하다. 함께 신앙생활을 하는 또래와의 만남을 통해 위로와 격려와 도전 등 새로운 힘을 얻을 수 있다.

(2) 새로 온 회원의 경우

새가족반 수료에 맞춰 임원들이 찾아가 전도회를 소개하고, 자연스럽게 전도회로 입성하도록 돕는 것이 중요하다. 새가족의 경우는 교회에 적응하는 시간이 필요해서 여러 가지로 낯설 수밖에 없다. 내가 낯가림이 있고, 선택권을 주면 도망가려고 하는 사람이기 때문에 새가족의 마음을 너무나 잘 안다. 이런 경우 물 흘러가듯 자연스럽게 전도회로 인도하는 일종의 전략도 요구된다. 처음 한 달 정도는 임원 중 한 사람이 전도회 모임을 함께 나오는 것도 좋을 것이다.

(3) 전도회 세미나

전도회가 새롭게 시작되기 전에 12월 초중반쯤 막내전도회 회원들을 대상으로 전도회에 대해 미리 배우는 일일 전도회 세미나를 갖는 것도 좋다. 대면-비대면 모두 선택해서 활용할 수 있다. 전도회에 대한 막연한 부담감을 해소하고 전도회의 역할과 유익에 대해 배우고 마음을 준비하는 뜻깊은 자리가 될 것이다.

● 전도회 마무리

앞에서도 말했듯이 12월 월례회에서 다음 해 임원들을 선출한다. 사실 그날 바로 세우는 게 아니라 몇 개월 전부터 세워질 임원들의 윤곽이 대충 그려진다. 그래서 이 시기에는 부담감에 전도회를 일시적으로 나오지 않는 경우도 적잖게 발생한다. 시작도 중요하지만 아름다운 마무리 또한 무엇보다 중요하다. 임원들이 선출된 후 새 임원들의 명단을 교회에 제출하고, 직전 임원들은 최소 1월 정도까지는 전도회 운영에 대한 밑그림을 그려 주는 것이 바람직하다. 나 몰라라 손을 놓아 버리면 안 된다. 임원끼리 업무가 잘 이어지도록 잘 세워 주는 것까지가 직전 임원들의 역할이라고 할 수 있다. 신구 임원 모두가 포함된 임시 단톡방을 만들어 의견을 개진하고 정보를 공유하면 많은 도움이 된다. 단톡방은 문서의 공유도 가능하고 빠른 피드백을 줄 수 있으며, 동시적으로 정보가 개진되기 때문에 투명성이 확보되는 등 장점이 많다.

때로는 후배라는 이유로 괜히 마음이 짠하면서 나서고 싶어질 때도 있다. 그러나 신임 임원들이 기도하며 잘 해 나갈 수 있도록 뒤로 빠져 주는 것도 선배들의 덕목이다. 그러다 손을 내밀 때 그 손을 따스하게 잡아 주면 된다. 신임 임원들을 위해 최소한 상반기까지라도 기도해 줄 것을 당부하고 싶다. 기도의 후원자가 되어 주는 것이다. 전도회장이 되고 나서 내가 제일 먼저 한 일은 기도 부탁이었다. 주변 분들과 오래 전부터 인연이 닿은 목회자분들께 기도를 부탁하는 연락을 돌렸다. 주일 설교를 마치고 나오시는 담임목사님을 찾아뵙고 축복기도를 부탁드렸다. 너무나 떨리고 또 떨렸다. 그러나 떨고만 있을 수는 없었다. 임기가 끝나고 제일 크게 깨달은 것은 기도 덕분에 잘 해 나갈 수 있었다는 것이다. 많은 후원이 있겠지만 기도 후원은 필수적임을 기억하자.

각 전도회 간 월례회 날짜가 다르다면 다과를 준비해 방문해서 격려해 주는 것도 좋은 방법이다. 기억해서 챙기는 자체만으로 후배 전도회에서는 힘을 얻고 위로를 받는다. 임원들뿐만 아니라 회원들과도 접점이 생기기 때문에 교회 안에서 만날 때 부드러운 연합을 경험하게 될 것이다.

12월 월례회는 1년의 과정을 평가하고 점검해 보는 작업도 빠져서는 안 될 것이다. 전도회 활동 중에 유익했던 것과 미진했던 점을 조사해 보면 좋다. 전도회를 통해 바라는 점이나 건의 사항을 들어 보는 것도 좋을 것이다. 시간이 부족한 경우 요즘 많이 사용하는 설문조사 양식(구글이나 네이버 폼 등)을 활용하여 취합하는 것이 좋다.

마지막으로 연말연시의 분주한 분위기 속에서도 신구 임원들의 만남의 자리를 갖도록 권면하고 싶다. 임기가 끝났다고 무 자르듯 관계를 자르면 안 된다. 특히 새로 시작하는 임원들의 마음을 읽어 주고 궁

금한 점을 들어 보면 좋다. 함께 전도회를 축복하고 새로운 기대감으로 기도하는 시간을 갖도록 하자. 선배들이 상위전도회로 옮겨 가도 전도회라는 큰 틀 안에서 서로 유기적으로 연합하고 있음을 알려 주자. 새로운 발걸음을 내딛는 후배들을 마음껏 축복해 주는 것만으로 신임 임원들에게 큰 힘이 됨을 기억해야 한다.

● * 전도회에서 만난 사람들 그 후 …ing

'다시 2022년 12월로 돌아가 내가 전도회장이 될 것을 미리 안다면 그래도 전도회장을 할 것인가?'를 스스로에게 물어본 적이 있다. 그때 나의 대답은 "Yes"였다. 지금도 역시 같은 마음이다! 전도회장을 하며 내게 주신 은혜와 신앙의 성장이 크기 때문이다. 내 마음의 중심을 내어드리기만 한다면 내 마음의 떨림과 긴장과 관계없이 하나님께서 기쁘게 일을 시작하실 것을 너무나 잘 알기 때문이다. 그렇기에 시작에 대한 부담은 내려놓고 기꺼이 전도회장을 맡을 것이다.

후배 임원들을 세울 때 같은 말을 했다. 현재 내가 받은 은혜가 크기에 "당신은 과거에 돌아가도 다시 전도회장이 되시겠습니까?"라는 질문을 받으면 기꺼이 수락하겠다고 말이다. 시작은 누구에게나 긴장감을 준다. 믿는 우리에게도 책임감이 수반된 시작은 언제나 떨리는 일이다. 그러나 나의 작은 두려움을 내려놓고 주님께 맡기는 것부터 시작하자. '시작이 반'이라지 않는가?

나의 시작에 늘 격려와 응원을 보내 주고 지지해 주는 가족들(김 집사와 김 학생)에게 감사를 전한다. 같은 교회 전도회 선후배이자 매일 서로의 기도제목을 두고 기도하는 제자훈련반 동기인 '최-홍-정-문-박-

김-조-이' 권사님들과 집사님들의 기도와 격려와 삶의 모범은 이번 출간을 포함해 늘 큰 힘이 된다.

되돌아보면 나는 선배 전도회 회장님들에게 참 많은 영향을 받았다. 지금 교회로 나를 인도해 주신 박 권사님, 후배 전도회에게 아낌없이 베푸시는 김 권사님, 바쁜 일정에도 기도 노트를 빼곡하게 채우며 후배들과 많은 이들을 위해 기도해 주시는 최 권사님과 열정과 웃음이 가득한 소 권사님, 늘 침착한 모습으로 지혜롭게 잘 이끌어 주시는 안 권사님, 씩씩하고 적극적인 모습과 에너지로 우리를 항상 웃게 해 주시는 이 권사님, 리더십과 믿음의 본이 되어 주신 권 권사님, 따스하고 진실한 박 집사님과 함께한 1년 동안 "너 표정이 되게 밝아지고 예뻐졌어." "평안해 보여." "열심히 하는 모습이 좋아 보여."라는 말을 참 많이 들었다. 또, 나는 이 시기를 통해 각 사람이 가진 다양한 기질과 재능을 가장 조화롭고 아름답게 사용하시는 하나님을 발견했다.

어떤 상황에서도 최선을 다하는 유 집사님은 하나님께서 주신 달란트를 잘 갈고 닦아 작가로 등단했다. 더 공부가 필요하다고 미술대학원까지 진학을 했다. 매 순간 새로운 꿈을 꾸는 유 집사님의 앞날을 기대하며 기도한다.

한나와 같은 믿음의 기도를 올려드렸던 이 집사님은 시부모님을 살뜰히 돌보기 위해 시부모님이 출석하시는 교회로 옮기게 되었다. 헤어지는 날까지 고무장갑 끼고 주방 봉사하던 우리 이 집사님에게 조 집사님과 나, 최 집사님은 '무려' 막내전도회 회장의 이름으로 된 상장으로 그동안의 노고를 유쾌하게 치하했다. 이 집사님의 사랑스러운 아가는 무럭무럭 자라 의젓한 어린이가 되었다. "인간 세상은 온전한 행복은 없는 것 같아요. 늘 종류만 다르지 이 문제가 해결되면 또 다른 문제가 생기니 주님께 무릎 꿇고 겸손히 기도하지 않을 수 없게 하네요." 얼마 전 연락할 때 이 집사님이 했던 말처럼 우리는 끊임없이 문제와 불완전함에 둘러싸여 살 수밖에 없다. 그러니 더 기도해야지. 전도회와 합심해 기도하며 주님께 온전히 맡겼던 이 집사님처럼 말이다.

전도회의 역사이신 김 권사님은 여전히 전도회 회원들에게 선한 모범을 보이고 계신다. 성도는 서로에게 좋은 도전이 됨을 권사님을 통해 깨닫고 있다. 햇살이 따스한 날도, 어두움이 찾아올 때도 묵묵히 기도의 자리를 지키시며 봉사의 자리를 찾아가시는 모습을 보며 많이 배운다.

권 권사님은 여전히 씩씩하게 이곳저곳에서 봉사에 힘쓰고 있다. 가끔 목재를 우지끈 부수고, 전동드릴을 윙윙 작동하며 뚝딱 작품을 만들어 낼 때 좀 멋있다. 아, 권 권사님 역시 공부가 더 필요하신 듯 역시 미술대학원에 진학했다(이쯤 하면 나도 미술대학원을 가야 하나 고민이 된다).

우리의 기도제목 중 한 분인 박 집사님의 남편은 드디어 교회에 나왔다! 첫 발걸음 이후 온세대 예배와 크리스마스 등 서너 차례 더 예배에 출석했고, 교회분들과도 안면이 많이 생겼다. 우리의 지속적인 친화력이 빛을 발한 결과 권 권사님은 처형, 조 집사님과 나는 처제라고 부르시고 있다. 내 영적 형부가 주님을 만나고 세상이 줄 수 없는 큰 기쁨을 누리게 되길 나는 매일 기도한다. 박 집사님은 새가족부에서 봉사하며 새 신자들을 맞이한다. 친절한 성품과 잘 어울리는 봉사다. 박 집사님의 딸과 나의 딸은 작년에 함께 해외선교여행을 다녀왔다.

내 친구 유 집사는 새로운 일을 시작하게 되었다. 성실하고 차분한 성품 덕분에 나날이 바빠지고 있다. 일상과 일에 침잠되지 않고 주님과의 교제와 기도에 힘쓰는 모습이 참 귀하다. 얼마 전에는 노회 여전도회연합회 하기 수양회 찬양제에 참여해 목소리와 몸짓으로 아름답게 하나님을 찬양했다. 우리는 앞으로도 서로 기도하고 격려하며 믿음 안에서 계속 우정을 나눌 것이다.

ㅅ교회와 ㄷ교회는 여전히 하나님이 맡기신 사명에 충성하고 있다. 큰 교회의 사회적 역할 못지않게 작은 교회가 감당하는 세밀하고 촘촘한 영역에 대해 새삼 깨닫게 된다.

그리고 나는 여전히 ㅂ교회에서 아침기도를 이어 가고 있다. 가끔 나를 잠시 전도사로 만들어 주셨던 백발의 김 집사님과 그분의 지팡이를 떠올린다. 이제 아프신 데 없이 쉼을 누리고 계시리라. 그리고 집사님이 뿌리신 기도의 토양 위에 ㅂ교회 미래 세대들이 무럭무럭 자라는 모습을 보면서 기도는 절대 땅에 떨어지지 않음을 매일 확인하고 있다.

동생 박 집사님은 드디어 우리 전도회 막내로 들어오게 되었다. 전도회를 통해 하나님께서 만나게 한 사람들과 보시게 하신 일들로 더 단단해졌고, 또 다른 박 집사님과 함께 새가족부에서 아름답게 봉사하고 있다. 박 집사님은 어머니의 건강과 남편과 딸의 믿음을 위해 기도하고 있다. 하나님께서 박 집사님의 지속적인 이 기도를 들어주시리라 믿는다.

전체 전도회의 기도 응답인 ㅇ 자매는 건강을 회복하고 비전을 향해 나아가고 있다고 한다. 참 좋으신 우리 아버지는 정말 전능하신 분이다!

현실에 적당히 안주하려는 마음이 들 때면 특강에서 만난 ㅇ 집사님을 생각한다. 고운 웃음 어디에도 험한 세월을 통과한 사람임을 짐작할 수조차 없다. 생명이 없는 자를 위해 메마르지 않은 눈물까지… 이분의 모습을 보면 생명을 간직한 자의 삶을 알 수 있다. 하나님께서 주신 꿈을 날마다 이루어 가시길 기도해 본다.

내 다음으로 막내전도회 회장으로 잘 섬겨 주었던 최 집사님은 다음 임원들을 아주 잘 세웠다. 막내전도회 회장 출신 언니들 따라 1년 과정 제자반에서 열심히 주님의 제자로 살기 위해 몸부림치는 중이다. 올여름에는 교회와 성도, 주일학교 학생들과 지역민의 좋은 친구가 되기 위해 휴가도 반납하고 남편 최 집사님과 함께 안동으로 내려갔다. 회장이 되기 전에 가족을 생각하며 흘렸던 눈물은 하나님께서 희락과 감사로 바꾸어 주셨다.

사랑스러운 김 집사님은 막내전도회에서 회계로 열심히 섬기고 있다. 언니들 언제쯤 만날 수 있냐는 질문에 드디어 내년이면 만날 수 있다고 잘하고 올라오라고 격려하고 있다.

구미 ㅇ교회 여전도회장님의 잔잔한 미소가 떠오른다. 여전히 본인의 자리에서 섬기고 있을 것이다. 언젠가 만나서 도란도란 이야기를 나누어 보고 싶다. 수고 많으셨다고, 하나님이 집사님 가정의 귀한 헌신을 기뻐하실 거라고.

이 모든 순간마다 하나님께서 인도하셨음을 안다. 그리고 우리는 기대한다.
"다음에는 우리를 어디로 이끄실까?"
새로운 시작을 앞두고 거룩한 부담감으로 고민하거나 마음이 울렁울렁하거나 혹은 반대로 기대감으로 두근두근할 누군가를 위해 이 글을 쓴다. 늘 그렇듯이 우리의 작은 마음을 귀하게 여기시는 하나님께서는 가장 선하게 인도하실 것이며, 당신은 그냥 그 길을 따라가기만 하면 된다고 말이다. 나이가 어려서, 전도회는 처음이어서, 몸이 약해서, 리더 체질이 아니어서, 가정이나 회사에 문제가 있어서… 망설이게 하는 이유는 헤아릴 수 없이 많이 있을 것이다. 한 가지만 집중하자. 지금이 내가 일할 때이며, 주님께서 내가 승선한 전도회라는 배를 운행하시는 선장이 되심을 말이다.

두 팔 벌려 나의 새로운 후배들을 환영한다. 그리고 설렘과 긴장으로 이 책의 마지막 장을 덮을 당신을 축복한다. 임기의 마지막 날 내가 하나님께 드린 고백으로 글을 맺는다. 이 고백이 당신의 고백도 될 거라 믿으며.

여호와께서 내 음성과 내 간구를 들으시므로 내가 그를 사랑하는 도다

그의 귀를 내게 기울이셨으므로 내가 평생에 기도하리로다 _시편 116:1-2

(추천사)

대한예수교장로회 서울노회 여전도회연합회 전 회장
김선자 권사

주님 안에서 사랑하는 후배 이경희 집사님의 책 출간을 진심으로 축하합니다.

제가 몸담은 서울 여전도연합회를 비롯해 한국 전도회의 역사는 기도의 눈물과 헌신의 땀방울로 빚어진 은혜의 이야기입니다. 그 사역의 발자취마다 함께하신 하나님의 은혜와 사랑은 언제나 따뜻하고 신실했습니다. 그리고 우리의 모아진 기도의 향기는 전도와 선교의 불꽃이 되었고 봉사와 헌신의 띠를 두른 연합의 원동력이 되었습니다.

이제 그 믿음의 발자취와 신앙의 고백이 한 권의 책으로 엮여 나오게 되었다는 소식은, 마치 긴 여정 끝에 피어난 아름다운 꽃을 바라보는 기쁨과도 같습니다. 이는 단순한 기록을 넘어 믿음의 역사이자 후대에 남길 귀한 유산이라 생각합니다.

특별히 이 책 속에는 실행위원으로 함께했던 사역 현장의 감동과, 그 활동을 알리고자 하는 간절한 마음이 이경희 집사님의 열망을 통해 감사의 노래로 기록되어 있어 더욱 가슴 뭉클합니다.

이 소중한 자료가 많은 이들에게 하나님의 시선 안에서 자신을 돌아보게 하고, 핑계 대신 열망을 붙잡으며 사명을 따라 믿음의 길을 걸어가도록 이끄는 도전과 은혜가 되기를 기도합니다. 큰 기쁨과 감사로 이 책을 추천합니다.

어서 와, **전도회**는 처음이지?

ⓒ 이경희, 2025

초판 1쇄 발행 2025년 11월 26일

지은이	이경희
펴낸이	이기봉
편집	좋은땅 편집팀
펴낸곳	도서출판 좋은땅
주소	서울특별시 마포구 양화로12길 26 지월드빌딩 (서교동 395-7)
전화	02)374-8616~7
팩스	02)374-8614
이메일	gworldbook@naver.com
홈페이지	www.g-world.co.kr

ISBN 979-11-388-5010-0 (03230)

- 가격은 뒤표지에 있습니다.
- 이 책은 저작권법에 의하여 보호를 받는 저작물이므로 무단 전재와 복제를 금합니다.
- 파본은 구입하신 서점에서 교환해 드립니다.